帅　燕◎著

南昌工程学院经济贸易学院学术文库

Strategic Aggressiveness, Enterprise Growth and
Industrial Competitiveness
—Research on A-share Manufacturing Listed Companies in
Shanghai and Shenzhen

略激进度、企业成长与业竞争力

——基于沪深A股制造业上市公司的研究

经济管理出版社
ECONOMY & MANAGEMENT PUBLISHING HOUSE

图书在版编目（CIP）数据

战略激进度、企业成长与产业竞争力：基于沪深 A 股制造业上市公司的研究/帅燕著.
—北京：经济管理出版社，2024.4
ISBN 978-7-5096-9659-0

Ⅰ.①战…　Ⅱ.①帅…　Ⅲ.①制造工业—上市公司—工业企业管理—研究—中国
Ⅳ.①F426.4

中国国家版本馆 CIP 数据核字（2024）第 073137 号

组稿编辑：郭　飞
责任编辑：郭　飞
责任印制：许　艳
责任校对：王淑卿

出版发行：经济管理出版社
　　　　　（北京市海淀区北蜂窝 8 号中雅大厦 A 座 11 层　100038）
网　　址：www.E-mp.com.cn
电　　话：（010）51915602
印　　刷：唐山昊达印刷有限公司
经　　销：新华书店
开　　本：720mm×1000mm/16
印　　张：12.75
字　　数：202 千字
版　　次：2024 年 4 月第 1 版　　2024 年 4 月第 1 次印刷
书　　号：ISBN 978-7-5096-9659-0
定　　价：88.00 元

前　言

　　产业竞争力是国家核心竞争力的重要内容，提高产业竞争力是保证国家竞争力、扩大国民就业、调和社会矛盾的重要途径，承担着推动我国经济结构转型、保持经济中高速增长和经济高质量发展的使命。当前，我国制造业处于转型升级关键期，在各种复杂的状况下，我国制造业产业竞争力的提升受到阻碍。根据产业发展的历史逻辑，企业战略选择是影响产业竞争力的重要因素。本书在我国对制造业重要性重新强调的背景下，结合越来越多企业采取激进战略的现实，选择从企业战略激进度为切入点，以制造业为例，采用理论与实证相结合的研究方法，在理论阐释企业战略激进度对产业竞争力影响机制的基础上，实证检验了企业战略激进度对产业竞争力产生的影响及传导路径，为企业做大做优做强和提高我国产业竞争力提供了思路、方法和着力点。

　　在回顾了中国企业和制造业的发展历程之后，本书认为，制造业在中国经济腾飞的过程中发挥了举足轻重的作用，但也出现了低端产能过剩、附加值低、关键核心技术缺乏等问题，阻碍了制造业竞争力的提高。产业是生产和提供具有竞争或替代关系的产品或服务的企业的集合，企业是产业的构成主体，因而要提高产业竞争力，企业成长是一条必要的直接路径。企业采取外延发展战略扩大规模，采取内涵发展战略提高内涵素质，最终会促进所在产业的竞争的提高。即企业战略激进度与产业竞争力之间形成了一条以"企业"为介质，沿着"战略激进度→企业成长→产业竞争力"为逻辑的完整传导路径。本书的主要研究内容与结论如下：

第一，对企业战略、战略激进度、企业成长和产业竞争力四方面的文献进行了梳理和评述。回顾了企业战略理论的来源和发展脉络，梳理了企业成长理论的发展历程和影响因素，总结了战略激进度相关研究成果，归纳了产业竞争力相关理论和影响因素，发现已有文献均没有重视从企业战略视角出发的企业战略因素对产业竞争力的影响研究。本书基于国内外企业和制造业发展态势，通过文献回顾，发现了以往研究的不足，找到了本书的研究主题。

第二，在梳理和分析国内外文献中对战略激进度的各种衡量方法的基础上，结合我国企业成长实际情况和政策导向，与时俱进地重新构建了战略激进度维度指标。首先，追溯了战略激进度的理论来源，总结了国内外已有研究关于战略激进度指标的选取和测算方法。其次，结合我国国情和企业成长实际情况，在对比和分析经典文献中战略激进度维度指标的基础上，增加了并购维度指标，形成了由研发投入激进度、管理激进度、财务杠杆激进度、销售投入激进度、员工波动程度激进度、固定资产投入激进度和并购激进度七个维度构成的战略激进度指标。最后，把战略激进度分为外延激进度和内涵激进度，分别分析外延激进度和内涵激进度对产业竞争力的影响。其中，内涵激进度包括研发投入激进度和管理激进度，外延激进度包括除了财务杠杆激进度以外的其他四个维度的激进度。

第三，建立了产业竞争力评价指标体系，并进行了测算。一方面，基于产业竞争力评价指标体系的理论基础和国内外已有研究，构建了产业竞争力评价指标体系，设置了由现状和潜力2个方面、6个评价维度、14个具体指标三个层级构成的产业竞争力评价指标体系。另一方面，对各指标数据运用统计软件SPSS进行全局主成分分析（GPCA），确定各指标的权重，从而得到产业竞争力的综合得分。

第四，构建了一个分析战略激进度、企业成长和产业竞争关系的理论框架，阐释了企业战略激进度对产业竞争力的影响机制。因为企业战略激进度是通过企业成长从而对产业竞争力产生影响，所以本书重点对企业战略激进度对企业成长的影响进行了理论分析，而企业成长最终会体现在产业竞争力上，即企业战略激进度对产业竞争力的影响是通过企业成长而传导的。具体来看，外延激进度通过规模扩大效应和规模经济效应促进了企业的外延成长（营收成长和资产成长），从而促进了产业竞争力的提高；内涵激进度通过逃离竞争效应和研究与开发效应促进了企业的内涵成长（创新成长和利润成长），从而提高了产业竞争力。根据理论分析，得出本书的假设。

第五，在实证方面，对假设进行验证，并进行更深入的分析。首先，基于 2011~2020 年中国沪深 A 股制造业上市公司数据和行业数据，得到了企业战略激进度会显著促进产业竞争力提高的结论。其次，分维度实证验证了战略激进度对产业竞争力的影响。具体地，外延激进度和内涵激进度均正向促进了产业竞争力的提高；研发投入激进度、管理激进度、财务杠杆激进度、固定资产投入激进度和并购激进度显著促进了产业竞争力的提高；销售投入激进度对产业竞争力产生了显著的抑制作用；员工人数激进度对产业竞争力没有产生显著的影响。在调节效应方面，融资约束对战略激进度与产业竞争力之间的关系发生了显著的削弱作用；行业竞争和绿色发展水平对战略激进度与产业竞争力之间的关系发生了显著的加强作用。异质性检验发现，只有产业生命周期中处于成长型产业中的企业、大企业、资本密集型和劳动密集型企业采取进攻型战略才能显著提高所在产业的竞争力，而产业生命周期中处于变革型、整合型和衰退型产业中的企业、中小企业和劳动密集型企业战略激进度的提高对产业竞争力没有产生显著的促进作用。最后，检验了企业战略激进度对产业竞争力影响的传导路径。实证结果表明，从整体来看，企业成长是企业战略激进度对产业竞争力影响的传导路径。具体地，外延激进度通过促进企业外延成长（营收成长和资产成长）、内涵激进度通过促进企业内涵成长（创新成长）从而促进了产业竞争力的提高，而内涵激进度对产业竞争力影响的企业利润成长传导路径没有得到数据支持，这表明利润成长是未来企业成长要关注的重点。另外，考虑到外延激进度和企业内涵成长、内涵激进度和企业外延成长之间可能存在交叉影响，本书进一步的实证表明，企业外延激进度对企业内涵成长没有产生显著的促进作用，而企业内涵激进度通过显著促进企业的外延成长（营收成长和资产成长）从而促进了产业竞争力的提高，这表明企业内涵成长有着更强的带动作用，未来企业要更加注重内涵成长。

第六，根据研究结果分别从企业和政府两个方面提出了如下几点建议。对政府的建议包括：①做好顶层设计，支持企业做大做优做强。②采用多种方法，缓解企业融资约束。③培育竞争性市场，鼓励企业有序竞争。④严格落实环境保护政策，倒逼企业转型升级。对企业的建议包括：①立足企业实际，科学制定和采取适当激进的发展战略。②抓住企业的外延成长不放松，稳定企业外延成长优势。③更加重视内涵成长，利润成长和创新成长要并重。

综上所述，本书采用理论和实证分析相结合的研究方法，从企业战略角度分析了战略激进度对产业竞争力的影响，并深入研究了两者间的传导路径，丰富了企业战略激进度经济后果的研究，为分析产业竞争力提供了一种新的视角和可供参考和借鉴的研究框架。本书的研究结果为企业做大做优做强提供了抓手，为政府科学制定促进企业发展、提高制造业产业竞争力的政策提供了着力点。

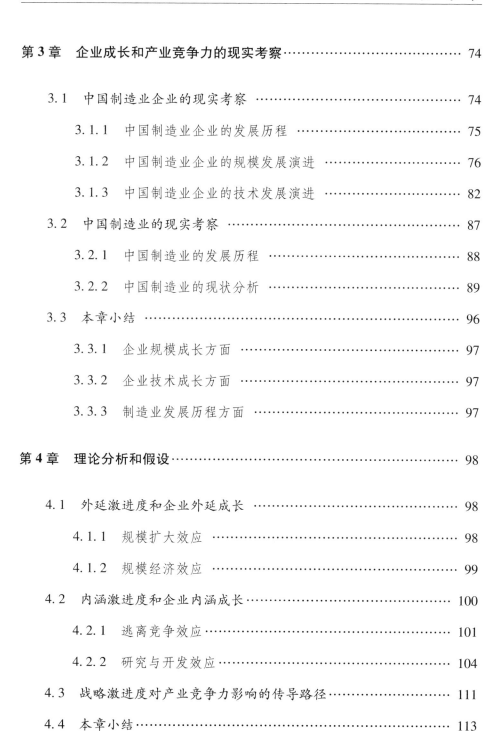

第1章 绪论

1.1 研究背景与问题提出

1.1.1 研究背景

（1）国际金融危机后，各国对制造业重新进行审视。

自20世纪70年代以来，欧美发达国家开始推行"去工业化"，国内仅保留部分中高端制造业，将大量的中低端制造业转移到了劳动力更加低廉的发展中国家，导致发达国家出现制造业"空心化"现象。突出表现为发达国家制造业增加值占国内生产总值比重与占世界比重均逐步下降，制造业就业人数与相对比重也呈现加快下降的趋势。2008年国际金融危机爆发后，美国对其过度重视金融等服务业进行了反思，逐渐认识到决定一个国家经济根基和前途的仍然是制造业，而不是大数据、互联网。如果制造业衰落了，缺乏根基的服务业迟早会枯萎。阿里巴巴集团技术委员会主席王坚认为，未来十年，80%的流量和资源将来自制造业，没有互联网的制造业没有未来，没有制造业的互联网更没有未来①。金融危机后，美国陆续出台了一系列旨在"重振美国制造业"的产业政策，旨在发展高端制造业，重新夺回和稳固其在高端制造业的引领地位。美国之后，德国提出工业4.0，目标是实现智能工厂，以继续保持德国工业的世界领先地位②。日本提出机器人新战略，旨在确保日本在机器人领域的领先地位③。

2020年以来的发展使得中国更深刻认识到必须留住传统制造业才能保持独立自主，要坚持把制造业的完整产业链留在中国，不能不惜代价去发展服务业。2021年全球经济增长5.7%，以工业制造业为主要经济驱动力的新兴市场和发展中国家经济复苏和反弹（中国经济增长8.1%，印度增长8.9%）要显著好于以服务业为主的欧美发达国家（美国经济增长5.7%，德国增长2.9%，法国增长7.0%，日本增长1.6%)④。

图1-1展示了2008～2020年世界及主要国家制造业增加值占GDP比重变化趋势。从全世界来看，2008～2020年，世界制造业增加值占GDP比重在16%附近小幅波动，中国、美国、德国、日本和韩国这5个主要制造业强国中，美国、德国、日本和韩国4个国家制造业增加值占GDP比重总体都比较稳定，只有中国呈现出明显的下降趋势。虽然中国制造业增加值占GDP比重从数值上看在5个国家中仍然最高，但是差距在缩小。比如，中国与韩国的差距从2008年的6.90%缩小到2020年的1.48%。美国、德国、日本和韩国是发达国家，均自然地完成了"去工业化"，在制造业方面都掌握各自的核心科技，而我国仍然是发展中国家，在仍处于工业化阶段的背景下制造业增加值占GDP比重过快下降这一现象值得审视。

（2）我国制造业发展处于转型升级关键期。

改革开放四十多年来，我国制造业取得了非常大的成就，2010年取代美国成为世界第一工业大国，GDP超越日本成为世界第二大经济体，国际地位

---

① 阿里高管：未来十年，80%的流量和资源将来自制造业［EB/OL］.（2017-12-28）［2021-06-15］. https：//www. pianshen. com/article/71291222905.

② 王喜文. 德国工业4.0本质［J］. 进出口经理人，2014（08）：22-23.

③ 王喜文. 日本机器人新战略［J］. 中国工业评论，2015（06）：70-75.

④ 资料来源：世界银行数据库。

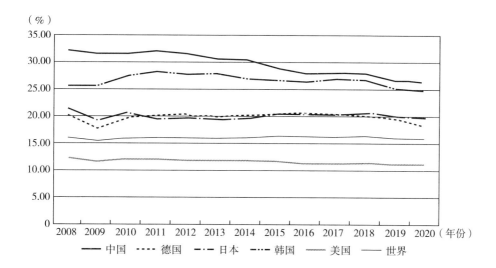

图 1-1　2008~2020 年世界及主要国家制造业增加值占 GDP 比重

日益提升。早在 2004 年就有国内学者提出，如果中国和美国都照此速度发展下去，中国的经济总量将会在 2030 年前超越美国[①]。随后，国际货币基金组织、世界银行、经济合作与发展组织、高盛集团等多家机构做出了相同的预测[②]。这让美国等发达国家产生了强烈的危机意识，纷纷采取多种手段意图遏制中国制造业的发展。这些手段主要包括：一是切断中国制造业的外部科技来源，阻止科技以各种形式流入中国。如美国、欧洲和日本同时禁止向中国出口先进军用技术和装备，防止中国把先进的军事技术民用化；美国对中国采取"人才"封锁战略，禁止中国技术人员到美国学习。二是从利益角度削弱中国企业自主研发和发展自有品牌的意愿，最为典型的如中国汽车产业。中国汽车产业市场规模大，利润空间足，然而经过几十年的发展，汽车产业升级却停滞不前，国产化率下降。根据中国汽车协会数据，中国乘用车自主品牌市场占有率从 2010 年的 45.60%下降到 2020 年的 38.10%；中国自主轿

①　林毅夫. 中国经济规模将在 2030 年前赶上美国[EB/OL]. (2022-03-09)[2022-05-15]. https://new.qq.com/rain/a/20220309A05T4M00.html.

②　兰德预测：2030 年后中国 GDP 超过美国[EB/OL]. (2021-08-04)[2022-05-15]. https://www.sohu.com/a/411251608_100110525.

车品牌销量占轿车销售总量比例从 2010 年的 30.89% 下降到 2019 年的 19.90%。虽然一汽集团、北京汽车和东风集团净利润并不低，但是利润来源主要是合资公司的利润分成。三是采取贸易手段打压。如对中国高技术企业（华为、中兴等）关闭美国市场、禁止中国企业收购发达国家的核心技术企业。

无论是从外部制造业国际形势还是从我国制造业内部发展状况来看，我国制造业产业竞争力要提高，中国制造业必须转型升级。党的十九大指出，我国经济已由高速增长阶段转向高质量发展阶段。产业是实现高质量发展的基础，是提高供给体系质量的重要抓手。2019 年习近平在河南考察时强调，要坚定不移推动高质量发展，扭住深化供给侧结构性改革这条主线，把制造业高质量发展放到更加突出的位置。从中观层面来看，高质量发展是产业竞争力稳步增强、国际分工地位逐步提升的发展。推动经济高质量发展，要把重点放在推动产业结构转型升级上，通过技术和商业模式等方面的创新，增强产业竞争力。努力改变传统产业多新兴产业少、低端产业多高端产业少、资源型产业多高附加值产业少、劳动密集型产业多资本密集型和科技密集型产业少的状况，构建多元发展、多极支撑的现代产业新体系，形成优势突出、结构合理、创新驱动、区域协调、城乡一体的发展新格局。

（3）国际制造业产业分工格局正在重塑，我国必须紧紧把握这一重大历史机遇。

新一轮工业革命正在发生。德国工业 4.0 明确指出，人类的工业生产经历了四个阶段①。第一阶段是机械制造时代，即工业 1.0 阶段，以蒸汽机为标志，主要特征是机械化生产，英国在这一阶段中崛起；第二阶段是电气化与自动化时代，即工业 2.0 阶段，以电力的广泛应用为标志，主要特征是大规模批量生产流水线，美国和德国在这一阶段中崛起；第三阶段是电子信息时代，即工业 3.0，以可编程逻辑控制器（PLC）和个人计算机（PC）的应用为标志，主要特征是高度自动化和柔性化生产，美国在这一阶段中崛起并

---

① 胡权. 深入认识工业 4.0 时代的中国制造［EB/OL］.（2016-02-10）［2022-05-15］. https：//www.laserfair.com/news/201702/06/63164.html.

称霸全球；第四阶段是智能制造时代，即工业 4.0，以信息物理融合系统（CPS）技术为特征。国际金融危机后，全球范围内新一轮科技革命与产业变革蓄势待发，其中，新一代信息通信技术与制造业融合发展是新一轮科技革命和产业变革的主线，对制造业发展模式、生产方式和产业生态等方面都带来了革命性影响，制造业重新成为世界各国经济竞争的制高点。

在工业 4.0 时代，全球制造业强国纷纷采取行动，相继推出国家级的制造业发展战略。美国提出了先进制造伙伴计划（AMP2.0）；德国提出了包含战略、标准及路径等的工业 4.0 体系；日本推出了"机器人革命"国家战略；中国目标非常明确，实施制造强国战略，加强统筹规划和前瞻部署，力争通过三个十年的努力，到新中国成立一百年时，把我国建设成为引领世界制造业发展的制造强国，为实现中华民族伟大复兴的中国梦打下坚实基础。

我国的制造业是在改革开放后通过承接发达国家制造业产业转移迅速发展起来的。但是随着经济的发展，我国劳动力成本提高，自然资源开始短缺，曾经粗放的发展模式已经继续不下去了，我国制造业的内部问题制约着制造业的进一步发展。一是结构不合理。我国制造业结构偏轻，优势仍然维持在劳动密集型的低附加值产业方面，大部分制造业企业仍处于价值链低端，产品存在着结构性短缺，总体上仍然是以初级产品、一般产品和中档产品为主，高技术含量产品、高附加值产品和优质产品少。二是制造业增长方式落后。中国制造业资源消耗多，环境污染严重，单位国内生产总值能耗相当于世界平均水平的约 3 倍。此外，我国的制造业劳动生产率也不高，随着经济发展水平的提高，我国劳动力成本不断上升，劳动力要素的比较优势逐年降低。三是制造业产品缺乏核心竞争力。我国的制造业研发投入不足、创新能力弱，对外技术依存度高。中国制造在关键生产环节和核心部件上技术落后；自主品牌缺失，90% 的出口商都属于代工生产或贴牌生产，始终处于"微笑曲线"的低端。我国制造业必须紧紧把握国际制造业产业分工格局正在重塑这一重大历史机遇，迈入制造强国。

（4）采取激进型发展战略的企业数量呈上升趋势。

在激烈的市场竞争中，没有企业能依靠保守一直生存。这也是企业无论大小，都倾向于采取程度不同的激进型发展战略的原因。资金是企业的生命线，不但维持正常运转需要资金，想要发展壮大更需要大量资金的支持。通常企业自身的资金是不足以维持正常运转的，都需要负债经营。因而，企业的资产负债率可以在一定程度上体现出企业行为是否激进。一家正常经营的企业，资产负债率高说明企业的财务战略偏向激进，在利用财务杠杆发展企业，资产负债率过低说明企业的财务战略偏向保守，不能很好地利用财务杠杆发展企业。

图 1-2 呈现了 2011~2021 年中国沪深 A 股制造业上市公司平均资产负债率变化情况。从图中可以看出，制造业上市公司数量除 2021 年有微小的减少外，2011~2020 年都呈增加趋势，其中 2011~2018 年增加趋势明显。制造业上市公司数量的增加体现了制造业整体存在较大的竞争。

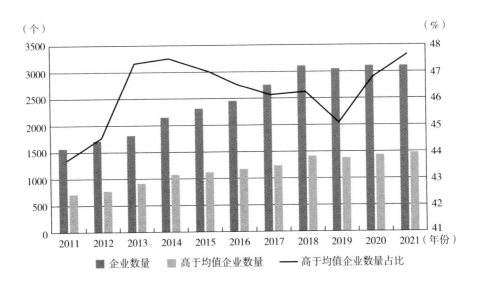

图 1-2 2011~2021 年制造业上市公司平均资产负债率变化情况

对比制造业上市公司资产负债率与制造业上市公司整体资产负债率平均值，从高于均值的数量来看，2011~2021 年制造业上市公司资产负债率高于制造业整体均值的企业数量呈上升趋势。企业资产负债率高于制造业整体均值数量占比在 2011 年和 2021 年分别为 43.67% 和 47.64%，虽然中间略有波动，但是整体上占比还是增加了。这体现出采取激进行为的企业数量越来越多，即制造业中采取激进型发展战略的企业数量呈上升趋势。

企业通过采取激进型战略不但使自身不断发展壮大，而且能够带动所属产业的竞争力得到提升，最典型的如华为。华为是一家信息与通信技术（ICT）解决方案供应商，仅仅经过 30 多年的发展，就成长为中国高科技企业的标杆，在知名财经杂志《财富》发布的 2021 年度世界 500 强企业排行榜中，排名从 2010 年的第 397 位上升到 2020 年的第 44 位，比 2020 年前进了 5 个位次。华为自 1987 年成立之日起就明确坚持采取激进的内涵发展战略，视技术研发为生命。虽然华为的崛起在通信技术领域威胁到了美国的科技霸权，自 2003 年开始一直受到美国的各种打压，但是华为依靠坚定的研发战略承受住了美国的种种制裁，一直在不断成长。

2021 年，在研发人员投入上，华为从事研究与开发的人员约占公司员工总人数的 54.8%，约 10.7 万名；在研发经费投入上，华为投入 1427 亿元，占全年收入的 22.4%，创历史新高。而 2021 年国内科技企业研发投入总额为 2.79 万亿元，仅华为一家企业的研发投入占国内科技企业研发投入占比就达 5.11%。2021 年，国内研发经费投入排名前 50 位的科技公司研发投入总额为 6747.6 亿元，平均研发投入额为 135 亿元，仅华为一家企业的研发投入经费占国内前 50 名科技企业研发投入经费占比就达到 21.15%，是国内前 50 名科技企业平均研发投入经费的 4.73 倍①。

华为的成长对中国科技竞争力从中端提升到高端起到了较大的作用②。有数据显示，华为及其上下游产业链衍生出了 205 家"华为概念"高科技公司链，截至 2020 年，纯中国的高科技公司占比上升到高达 92 家之多（这个数字每年递增 15% 左右），而美国在这个链条中的公司数量逐年降低（2016

---

①　马琼. 中国公司科技含量全景解析［EB/OL］.（2022-06-23）［2002-06-25］. https：// baijiahao.baidu.com/s？id＝1736393153160029862.

②　岳明. 中国科技竞争力爆发！从中低端入局高端，中兴、华为起了大作用［EB/OL］.（2020-05-01）［2022-06-25］. https：//baijiahao.baidu.com/s？id＝1665401938263911134.

年时，还有一半的公司是美国公司，到 2020 年美国仅剩 49 家、欧洲仅剩 36 家)①。这说明华为推动了中国科技产业的发展，提高了中国科技产业竞争力。在世界经济论坛发布的《2019 全球竞争力报告》的全球竞争力综合排名中，中国名列第 28 位，在市场规模、创新能力和技术通信领域均有较为突出的表现②。

1.1.2 问题提出

配第—克拉克定理认为，随着经济的发展和人均国民收入水平的提高，第一产业国民收入和劳动力的相对比重逐渐下降，第二产业国民收入和劳动力的相对比重上升，随着经济进一步发展，第三产业国民收入和劳动力的相对比重也开始上升。即经济发展水平和人均国民收入水平越高的国家，第三产业占国内生产总值的比重越大。服务业的发展水平已成为衡量一个国家和地区综合竞争力和现代化程度的重要标志。2013 年，中国第三产业占国内生产总值比重超过第二产业占比，被认为是中国经济发展的转折点，标志着中国迈入服务化时代。2020 年，中国第三产业增加值占国内生产总值比重为 54.5%，对 GDP 增长的贡献率为 59.4%，第三产业就业占全部劳动就业人员比重接近 50%，说明我国经济结构发生了显著变化，第三产业的主导地位已基本确定。

然而，也有学者认为第三产业占比高未必是好事③。学术界发出了发展服务业并不意味要忽视制造业的观点，认为服务业占比高未必经济发展水平就高，关键在于制造业是否已经充分发育，是否强大到能够为经济社会持续发展提供创新动力。这一思想在国家政策上也有所体现。"十三五"规划在经济保持中高速增长的目标下提出"服务业比重进一步提高"，之后在《中华人民共和国国民经济和社会发展第十四个五年规划和 2035 年远景目标纲要》里

---

① 佚名. 我们为什么坚定不移地支持华为？［EB/OL］.（2021-06-08）［2022-06-25］. https：//new.qq.com/rain/a/20210628A07GT300.
② 2020 年报告暂停全球竞争力指数排名.
③ 杜建国. 第三产业占比高未必是好事［EB/OL］.（2014-02-05）［2022-06-25］. https：//www.guancha.cn/du-jian-guo/2014_02_05_202378.shtml.

提出的"深入实施制造强国战略"中强调要"保持制造业比重基本稳定",可以看出,中国对制造业的重要地位进行了重新强调。

这一认识的转变,是基于对国际国内环境变化和长期发展趋势的准确判断。如今,制造业对中国来说是经济社会发展的根基已成为举国共识。制造业是最能体现国家科技实力和经济实力的产业,约80%的技术进步和创新应用均来自制造业[①]。改革开放后至经济新常态之前,中国经济之所以实现了长期的快速发展,是因为制造业产业竞争力的快速提升。要实现制造强国的战略目标,必须始终坚持以提高制造业产业竞争力为抓手。本书正是在中国对制造业重要根本地位重新强调的背景下,结合企业普遍采取激进战略的现实,选择从企业战略激进度这一视角切入,研究企业战略激进度与产业竞争力的关系,为提高制造业产业竞争力提供一条参考路径。

1.2 研究意义

1.2.1 理论意义

有关战略激进度、企业成长和产业竞争力的文献颇为丰富,但缺乏从战略激进度视角出发对产业竞争力的研究,本书对战略激进度是否以及如何影响了产业竞争力进行研究,具有重要的理论意义。

第一,有助于深化企业战略理论。企业战略理论是在企业战略实践中形成的,并且随着企业战略实践的发展而不断发展,而企业实践随着所处环境的变化而变化。自1965年美国学者安索夫首次提出企业战略理论以来至今已近60年,其间以1978年改革开放为分水岭,我国经济体制实现了由计划经济向市场经济的历史性转变。如今我国已经建立起社会主义市场经济体制,

---

① 王志军. 我国必须更加重视发展制造业提升企业技术创新能力[EB/OL]. (2020-11-28) [2022-06-25]. https://news.hexun.com/2020-11-28/202518316.html.

在我国社会主义市场经济体制日趋成熟和完善的过程中，企业战略实践内容不断丰富，实践方式不断演变。因而本书对 2011~2020 年战略激进度、企业成长和产业竞争力的关系进行研究，有助于深化企业战略理论。

第二，有助于拓展企业成长理论。截至目前，围绕企业成长的理论研究有多重维度，或是追寻企业成长的外在因素和内在机理，或是对企业成长的范畴进行静态或动态的界定，或是关注企业成长的规模分布，或是关于企业自身动态成长的研究，取得了丰硕的成果，但仍缺乏对细节领域的深入挖掘。尤其是对于企业战略行为，学术界并未引起足够的重视和进行持续的研究。因此，本书对研究战略激进度、企业成长和产业竞争力问题，有助于拓展企业成长的研究范围。

第三，有助于丰富产业竞争力理论体系。目前，学术界对产业竞争力领域已经进行了比较充分的研究。已有研究既有对产业竞争力在国家层面的整体审视，也有从中观层面就某一领域、产业、行业的分析，形成了非常丰富的产业竞争力理论。企业是产业的微观主体，作为微观主体的企业行为将直接影响到产业竞争力，因而研究产业竞争力不应缺失企业成长这一微观部分。本书立足于企业战略行为，构建了企业战略激进度、企业成长与产业竞争力三者关系的理论框架，依据该框架从理论上就战略激进度、企业成长和产业竞争力的关系进行了较为深入的研究，并进行了实证检验，有助于丰富产业竞争力理论体系。此外，虽然本书是基于制造业的研究，但也可能给农业、服务业等其他产业提供有益参考和借鉴。

1.2.2 现实意义

制造业要在国际上提高竞争力，必须依靠企业主动去努力。因而结合越来越多企业采取激进战略的现实，本书对企业战略激进度、企业成长与产业竞争力之间关系的研究，对于深入认识中国制造业企业的激进行为对产业竞争力造成的影响，评判企业战略行为是否过度激进以及完善产业政策具有重要的现实意义。

第一，有利于厘清企业战略激进度与企业成长和产业竞争力之间的关系。

制造业产能过剩之后，企业之间的竞争日益激烈，外部市场环境的压力和企业内部成长需求的推力使得越来越多企业采取进攻型发展战略。研究战略激进度、企业成长与产业竞争力有助于看清楚企业战略激进度、企业成长和产业竞争力的关系，有助于企业立足长远，科学理性地制定发展战略，有助于企业自身的成长和所在产业竞争力的提高。

第二，有助于为企业制定发展战略提供指导，同时为提高制造业产业竞争力提供微观上的思路和启示。企业战略是一个复杂的体系，由多个维度构成。研究不同维度的战略激进度对企业成长从而对产业竞争力的影响，能够为企业战略制定提供参考，并为提高制造业产业竞争力提供企业的思路和启示。

第三，有助于为政府制定产业高质量发展政策提供参考。与企业发展息息相关的融资约束、行业竞争和绿色发展水平会直接影响到企业战略与产业竞争力的关系。而与之对应的金融体系、营商环境和转变经济发展方式是政府改革和调控的重点。因而研究融资约束、行业竞争和绿色发展水平在战略激进度与产业竞争力的关系中起到的调节作用，有助于为政府制定产业高质量发展政策提供参考。

1.3 文献回顾和评述

本书涉及企业战略、战略激进度、企业成长和产业竞争力四个方面的文献，下面就按照这四个方面进行文献梳理，以期掌握与主题相关研究成果的详细资料和研究进展，作为本研究的研究基础。

1.3.1 企业战略理论回顾

人类的战略意识和战略思想源于军事战争，战略相关的知识体系随着人类文明的发展不断丰富、完善和深化，从军事领域扩展到政治、外交和经济领域，并形成了博大精深的理论体系和丰富多样的研究方法。随着资本主义工业大革命的兴起和发展，战略思想随着企业这种人类社会特有的社会经济组织形态的发展逐步渗透到社会和经济领域。随着产业革命和经济的发展，"企业战略"理论逐渐形成并发展。

1.3.1.1 企业战略理论的萌芽

20世纪初，法约尔提出了管理的五项职能（计划、组织、指挥、协调和控制），被认为是最早的企业战略思想。1938年，巴纳德提出了组织与环境相匹配的主张，被作为现代战略分析方法的基础。1962年，钱德勒认为企业战略必须与环境相适应，第一次将企业和战略及组织概念联系起来。

1.3.1.2 企业战略理论的初步形成

1965年，美国学者安索夫出版了《企业战略论》，成为现代企业战略管理理论的研究起点。安索夫提出了企业"战略四要素"说，认为产品与市场范围、增长向量、协同效果和竞争优势是企业战略四要素。在此之后，企业战略理论的研究开始逐渐被学者们关注。1971年，安德鲁斯把企业战略要素界定为市场机会、公司实力、个人价值观和渴望、社会责任四个方面，认为对企业来说优化资源配置是非常重要的，能够形成独特的能力从而获取竞争优势。

企业战略理论的深入探索期。20世纪70年代初至90年代初，学术界对企业战略理论的研究进入高潮时期。随着世界经济格局的深刻变化，在企业战略管理理论的研究学派中，许多非主流学派开始崛起。学者们普遍认识到，企业战略管理的关注点应该转变，应该从对物这个要素的关注转变到对人和文化要素的关注上来，相应地，研究重点也应该从过于关注理性转变到关注方向性和有效性上来。

1.3.1.3 企业战略理论的新发展时期

世界经济自20世纪90年代中后期开始进入知识时代。在知识经济时代，知识和信息成为促使经济增长的驱动器，传统的企业战略理论已经不能适应知识经济时代的企业战略管理实践，学者们开始探索适合知识经济特点的企业战略理论。

1.3.2 有关战略激进度的研究

战略激进度是对企业战略的一种量化，已有文献中对企业战略进行量化度量的还有战略差异度，战略差异度和战略激进度是观察同一个事物的不同视角。为了更好地理解战略激进度，此处在对战略激进度的研究进行回顾时，把对战略差异度的研究也纳入进来。为了获取竞争优势，企业可能会特立独行，采取偏离行业常规的战略。战略差异度就是企业战略偏离所在行业常规战略的程度（Tang 等，2011）。已有研究对企业采取行业常规战略的结果存在争议。有学者认为企业采取常规战略模式有助于企业的经营（Meyer 和 Rowan，1977；DiMaggio 和 Powell，1983；Denrell，2005），还有学者认为选择行业常规战略模式并不是企业的最优选择，因为企业最终取得成功的原因并不是因为企业采用了与行业常规战略相同或类似的战略模式，而是因为企业采取了与行业常规战略不同的战略模式，也就是说，采取与行业常规战略差异大的企业更容易获得成功（Oliver，1991；Geletkanycz 和 Hambrick，1997）。

自 Finkelstein 和 Hambrick（1990）开发了一种商业战略测量方法用来研究高层管理人员和公司战略绩效的关系以来，国内外学者开始关注战略差异度和战略激进度的定量研究，研究内容主要围绕着以下几个方面展开：

1.3.2.1　审计相关

陈波（2015）研究发现企业战略差异度与审计定价之间呈现出显著的正相关关系，并且这种正相关关系是通过企业盈余管理发生作用的。朱文莉和丁洁（2019a）研究了企业战略差异度与审计师决策的关系，发现企业战略差异度越大，越可能出具非标准审计意见、审计定价越高，内部控制能够有效抑制战略差异度对审计师决策的不利影响。

1.3.2.2　税务相关

袁蓉丽等（2019）研究发现企业战略差异度与避税之间呈现出正相关关系，风险承担在其间起到了中介作用。潘俊和王亚星（2019）以 2008～2016 年中国沪深 A 股上市公司为样本，研究发现企业战略差异度与税收激进度两者间呈现出显著的正相关关系，大股东监督效应、企业经营业绩和信息透明度抑制了两者间的正相关关系。

1.3.2.3 财务相关

Hiller 和 Hambrick（2005）、Tang 等（2011）的研究均认为，战略差异度显著提高了企业财务业绩的波动性。叶康涛等（2014）研究了企业战略差异度与会计信息价值的关系，发现企业战略差异度越大，所有者权益的价值相关性会越高，而净利润的价值相关性会越低。翟淑萍等（2019a）研究了企业战略激进度和债务期限结构的关系，发现企业战略激进度越高，债务期限结构越短。叶康涛等（2015）研究发现，企业战略差异度与真实活动盈余管理呈现出负相关关系，与会计应计项目盈余管理呈现出正相关关系，并且战略差异度对应计项目盈余管理的正向作用在国际"四大"审计的企业中有所减弱。

1.3.2.4 金融相关

Brander 和 Lewis（1986）认为企业战略影响资本结构。李志刚和施先旺（2016）研究了企业战略差异度和银行借款的关系，发现企业战略差异度越大，获得银行借款的利率会更高，期限会更短，金额会更少。黎来芳和孙河涛（2019）基于信息不对称视角，研究发现战略激进度显著提高了企业融券卖空规模，并且只在非高新技术企业中显著。翟淑萍等（2019b）研究了战略激进度与企业现金持有策略的关系，发现战略激进度与企业现金水平呈现出正相关关系。戴泽伟和潘松剑（2019）研究了实体上市企业金融化与战略差异度的关系，发现企业金融化程度越高的实体企业战略差异度越大，企业风险承担水平、高管权力在其中起到了正向调节作用。刘静和陈志斌（2020）研究了企业战略差异度与内部资本市场活跃度间的关系，发现两者呈现出显著的正相关关系，并且在非国有企业中更明显。刘会芹和施先旺（2019）研究发现企业战略差异度对机构投资者持股比例存在显著的负相关关系，主要作用机制是信息不对称程度。

1.3.2.5 企业经营

刘名旭和李来儿（2019）研究发现，企业战略差异度越大，经营业绩波动程度越大，经营风险和代理冲突在其中起到了中介作用，企业财务柔性削弱了战略差异度和企业经营业绩波动的正相关关系。朱文莉和丁洁（2019b）研究了企业战略差异度与盈余持续性的关系，发现企业战略差异度越大，盈余越不可持续，机构投资者持股在其中发挥了抑制作用。李健等（2020）在中美贸易摩擦的背景下，研究了战略差异度与先进制造业企业经营风险的关系，发现两者间存在显著的 U 型关系，客户集中度和非民营产权性质在两者关系中分别起到了正向和负向调节作用。郑明贵等（2020）研究发现企业偿债能力、营运效率和盈利能力是战略差异度影响经营绩效波动的中间路径。王化成等（2019）研究发现企业战略差异度和违约风险之间呈现出显著的正相关关系，企业业绩期望差距在其中起到了调节作用。Liu 和 Kong（2021）以绿色创新为视角研究了企业战略激进度与可持续发展之间的关系，研究发现，企业战略激进度越高越不重视可持续发展行为，即激进型企业更少重视可持续发展行为，环境监管和政治联系在其中起到了负向调节作用。

1.3.2.6 管理者相关

殷治平和张兆国（2016）研究了管理者任期、内部控制与战略差异度的关系，发现内部控制与战略差异度呈现出显著的负相关关系，管理者既有任期和管理者预期任期分别在内部控制与战略差异度的关系中起到了倒 U 型调节和正向调节作用。潘镇等（2019）研究发现女性高管与企业战略差异度之间存在非线性关系，即当高管团队中女性占比较低时，提高女性高管占比会使得企业更倾向于选择与行业战略相比差异度更大的战略，而当女性高管占比过高时，提高女性高管占比会使得企业更倾向于选择与行业战略相比差异度更小的战略。

1.3.2.7 创新相关

Zhao 等（2017）研究表明战略激进度与企业价值呈现出显著的倒 U 型关系。袁蓉丽等（2020）认为战略激进度显著促进了创新成果的产生，并且这种促进作用在民营企业和市场竞争更充分的情况下更为显著，管理层激励和失败容忍度在其中发挥了中介作用。孙洁和殷方圆（2020）的研究却得到了不同的结论，认为企业战略差异抑制了技术创新，这种负向关系在民营企业、融资约束较大和市场竞争地位较低的企业中更为显著，代理成本发挥了中介作用。

1.3.2.8 其他方面

丁方飞和陈如焰（2020）研究了战略激进度与分析师盈利预测和信息不确定的关系，研究发现，战略激进度越高，分析师盈利预测质量越低，公司信息不确定性越高，从而降低了分析师盈余预测质量。何玉润和徐云（2017）、鄢志娟和王姗（2019）研究了企业战略与分析师盈余之间的关系，研究均发现战略差异度越大，分析师盈利预测的误差率越大，预测越不准确。Kong 等（2020）基于中国市场研究了企业战略与环保行为的关系，研究发现，与保守型企业相比，激进型企业会采取更多的环保行为。马宁和靳光辉（2021）研究了经济不确定性和企业战略差异度之间的关系，发现经济政策不确定性越高时企业战略差异越大。李高波（2020）研究了企业战略差异度和商业信用的关系，发现两者之间存在显著的负相关关系。Yuan 等（2020）考察了企业战略与企业社会责任之间的关系，研究发现，与保守型企业相比，激进型企业承担的社会责任更多。王爱群和刘耀娜（2021）实证检验了战略差异度对社会责任履行水平的影响，研究发现，企业战略差异越大，社会责任履行水平越低。苏涛永和孟丽（2022）研究发现战略激进度与企业技术距离之间存在显著的 U 型关系。

也有少数文献研究了战略激进度的影响因素。刘刚和于晓东（2015）研究了高管类型与企业战略选择的匹配关系。研究发现，老虎型高管、猫头鹰型高管、孔雀型和考拉型高管分别与进攻型战略、防御型战略和分析型战略间存在着对应性匹配关系。邢斐等（2022）研究了产业生命周期背景下，企业集团与独立企业的战略选择差异，研究发现，与独立企业相比，企业集团促进了成员企业的战略激进度，且该作用主要体现在成长型产业中。霍春辉和张银丹（2022）研究了 CEO 职业忧虑与企业战略选择导向之间的关系，研究发现，年轻 CEO 与任职初期 CEO 倾向于采取进攻型战略，而 CEO 在离任前一年倾向于采取防御型战略。

1.3.3　有关企业成长的研究

1.3.3.1　企业成长理论回顾

（1）古典经济学的企业成长思想。

第一，亚当·斯密的企业成长思想。最早的企业成长思想可以追溯到亚当·斯密的《国富论》。斯密在分析国民财富的源泉时，同时对企业成长的源泉进行了深入分析。斯密认为，劳动分工降低了生产成本提高了产量，企业之所以存在是因为能够获取规模经济带来的收益，劳动分工越细，企业成长越好。即劳动分工和生产的专业化程度会受到市场发育程度和市场规模大小的制约，劳动分工程度始终要受制于市场规模大小。这就是"斯密定理"，即"市场范围会限制劳动分工"。

第二，马克思的企业成长思想。马克思注意到了与企业成长相关的一些问题，如生产规模、企业规模等，但从没有明确提到过企业成长。马克思把生产力和生产关系有机结合起来，从资本主义时代生产力和生产关系的具体特点和性质出发，揭示了资本主义条件下企业规模变动的具体的、历史的规律。马克思认为企业是劳动和生产资料相结合并发挥生产职能的组织形式，是资本雇佣劳动进行生产从而使自身增殖的场所。马克思认为，资本家是在剩余价值最大化的目标下组织管理生产和扩大再生产，从而促进了企业规模的扩大。

第三，马歇尔的企业成长思想。马歇尔认为企业成长是激烈竞争环境下优胜劣汰的结果，决定企业成长的因素可以归结为外部经济和内部经济两个方面，内部经济比外部经济更重要。他认为，如果企业的内部经济能够得到实现，企业就会健康、快速成长。而且，企业是有可能持续成长的，但受到现实条件的约束实现起来又比较困难。此外，企业制度对企业成长的影响也非常重要，如企业可以改组为股份公司，通过突破成长上限不断持续成长。

（2）新古典经济学的企业成长思想。

新古典经济学认为企业成长的动力在于追求规模经济和范围经济，因此新古典经济学的企业成长理论被称为企业规模调整理论。新古典经济学的市场模型是理想化的市场模型，以个人理性选择为出发点，以市场均衡为归宿，企业内部的生产和组织等能够体现企业能动型的复杂过程完全被抽象掉了，成为一个"黑箱"，其"代表性企业"概念排除掉了企业之间的差别，通常认为新古典经济学中并不存在独立的企业成长理论。

（3）交易费用逻辑的企业成长思想。

交易费用经济学由科斯开创，是对新古典经济学的继承和发展，并且与新古典经济学一样，这一学派也没有明确提到企业成长概念，却重点讨论了企业成长的重要基本问题，如企业边界的确定问题和企业纵向一体化问题等。因此交易费用逻辑的企业成长思想可以被视为是现代企业成长理论的重要组成部分。

第一，科斯对企业规模和一体化的解释。科斯根据新古典经济学中的厂商理论与企业的现实规模之间的矛盾，提出了"企业为什么会存在"这一经典命题，自此，企业这个"黑箱"被撬开。科斯认为，节约交易费用能够促进企业成长，企业能够成长到多大规模由组织成本和交易费用两者之间的相对大小决定。

第二，威廉姆森的资产专用性与纵向一体化。威廉姆森是交易费用经济学的集大成者，他认为现有的和潜在的交易费用是纵向一体化的基本动力，"技术决定论"和"市场缺陷论"都可以用交易费用理论进行重新解释。威廉姆森认为，资产的专用性是企业纵向一体化的关键因素，市场交易的潜在费用会随着资产专用性程度的提高而增大，此时企业纵向一体化的可能性也就越大。

第三，迪屈齐的一体化与多元化经营。迪屈齐是继威廉姆森后交易费用经济学的主要继承和发展者，他认为，交易费用经济学存在一些不足，如为了用交易费用来解释企业成长，采用了均衡的假设和静态的分析方法，没有考虑不均衡和动态的方面，特别是忽视了对企业组织能力和管理问题的分析。迪屈齐限定了交易费用经济学的适用范围，为企业成长理论注入了动态因子。

（4）现代企业成长理论。

20世纪五六十年代，西方现代企业成长理论兴起，这一时期企业成长的研究对象主要是大企业。原因是第二次世界大战后，世界各国经济迅速恢复繁荣，加上科技革命发展得如火如荼，起到了推波助澜的作用，以大规模生产和销售为特点的跨国公司不断涌现。

第一，彭罗斯的企业成长理论。彭罗斯是现代企业成长理论的开创者和奠基人。彭罗斯认为企业是一个行政管理框架，它限定了企业边界的资源。彭罗斯把关注的重点聚焦在企业的内部资源上。她认为，企业内部总是会因为一些原因存在着未被利用的资源，企业要想利用这些未被利用的资源，通常采取的方式是扩大生产规模或多元化经营，这都将使企业获得成长。但是，企业的资源是永远不可能被完全利用的，扩大生产规模后，利用了之前未被利用的资源的同时也会产生出新的不能被利用的资源，这就会导致企业新一轮的规模扩大。因此，彭罗斯认为企业成长是不断挖掘未被利用的资源的过程，规模只是企业成长的结果。

第二，杨杜的企业成长理论。杨杜是彭罗斯的企业成长理论的继承者，最先把彭罗斯基于资源观的企业成长理论引入中国。杨杜的企业成长理论以"经营资源"为核心概念，以中国和日本的大企业实际成长状况为研究对象，把企业成长分为量的成长和质的成长两种状态。杨杜认同彭罗斯"未利用资源是企业成长的内在动力"的观点，认为企业成长是在竞争和资源利用这两种力量推动下的量的增长和质的成长过程，质的成长比量的增长更重要。

第三，钱德勒的"现代工商企业"成长论。钱德勒最早对"现代工商企业"进行研究，并首次对企业成长进行了实证考察，深入分析了企业能够成长为巨型企业的原因并提取出了关键因素，认为企业成长是市场竞争和技术进步的必然结果，并且与"看不见的手"（市场协调）相比，"看得见的手"（管理协调）促进企业成长的效率更高。

第四，赵晓的企业成长理论。赵晓突破了彭罗斯的"管理能力"单维分析框架，提出了一个三维分析框架（内部治理结构、外部规制结构和市场——

技术结构），并应用此三维框架对中国企业成长史作了一个比较完整的分析。研究认为，企业成长的关键在于内部管理能力的提高，而内部管理能力又涉及企业内部治理结构和企业外部规制结构，内部治理结构和企业外部规制结构又都要受到市场—技术结构制约。

第五，傅红岩的"有效竞争和企业成长"。傅红岩在研究企业成长时，放弃了西方的理论，他以"环境决定论"为逻辑前提，强调了有效竞争环境在企业成长过程中起到的重要作用。他认为，要实现企业成长，中国应该建立有效的竞争机制，以发展大企业为核心战略目标，利用规模经济、范围经济和专业化分工，消除低水平重复建设和无效过度竞争。

1.3.3.2 影响企业成长因素的实证研究

本书按照影响企业成长的外部因素和内部因素两种类别对影响企业成长因素的实证研究进行分类梳理。实际上影响企业成长的内部因素和外部因素并不是泾渭分明的。

（1）影响企业成长的外部因素。

本书把现有文献中影响企业成长的外部因素归结为产业环境、制度环境和区域环境三个方面。

产业环境是对企业成长影响最直接和密切的企业外部环境特征，不能被企业控制（戴园晨和徐亚平，1993）。Porter（1979）提出了企业竞争优势理论，通过分析企业竞争优势，发现产业结构是影响企业利润的重要因素，企业成长和成功的关键在于进入产业利润高的行业。Porter 之后，学者们的研究陆续证明了产业环境对企业成长发挥了关键作用（蔡宁和陈功道，2001；Fishman 和 Rob，2003；陈劲和 Chawla，2001；Beck 等，2005）。

制度环境主要是指企业经营面临的法律环境和政策环境。特定的法律和政策环境会对企业成长起到制约作用。刘万元（2002）认为，政府观念、政策措施、法律环境和政府职能等在企业成长过程中发挥了重要作用。邬爱其等（2003）认为，融资环境、民主决策机制和税费负担等外部因素与企业成长密切相关。

区域环境指的是一定地域范围内自然因素和社会因素的总和，是一种非正式的复杂社会关系，企业所处的区域基础设施和配套服务等因素会影响该企业的成长（陈劲和 Chawla，2001），当企业所处的区域环境与其他因素能够协调互补时企业成长就会比较迅速，而当企业所处的区域环境与其他因素不协调时企业成长就会受到阻碍，甚至衰退（Storey，2000）。

（2）影响企业成长的内部因素。

内部因素是促进企业成长的内驱力，企业对机遇的识别和把握能力、快速反应能力和快速集中资源能力是影响企业成长的主要因素。如果把内部因素分为静态和动态两个视角，从静态视角来看，财务资源是影响企业成长的内部因素（Adizes，1979）；从动态视角来看，财务活动是影响企业成长的内部因素，如股权结构和负债结构（Chaplinsky 和 Niehaus，1993；欧阳澍等，2011）、高效的高层管理团队（钱颖一，2001；马小援，2010；张玉明和梁益琳，2011；刘芳等，2014；倪嘉成等，2018）和企业家素质。

1.3.4　有关产业竞争力的研究

1.3.4.1　产业竞争力相关理论

对产业竞争力的最早研究可以追溯到 1978 年的美国技术评价局。至今，国内外对产业竞争力的研究已有四十多年，学者们从不同角度和层次对产业竞争力进行了分析，综观已有成果，本书把产业竞争力的相关理论归纳如下：

（1）绝对优势理论。

绝对优势理论也被称作是绝对成本理论或者绝对利益说，由亚当·斯密于 1776 年在《国富论》中提出。斯密认为，如果某国生产某产品的成本要绝对低于其他国家，那么该国在该产品的生产上就具备了绝对优势，对同一个国家的不同区域也适用。绝对优势理论认为，各国应该按照本国的绝对优势进行生产，形成国际分工格局。

（2）比较优势理论。

现实中，在产品生产上具有绝对优势的国家与不具有绝对优势的国家间经常出现此种产品的贸易往来，这种现象超出了绝对优势理论的解释力。于是，李嘉图于1871年在《政治经济学及赋税原理》一书中提出了比较优势理论。比较优势理论认为两国间发生贸易往来的基础是生产成本的相对差别而不是绝对差别。每个国家都应根据"两利相权取其重，两害相权取其轻"的原则，生产和出口其具备"比较优势"的产品。比较优势理论是对绝对优势理论的极大发展。

（3）竞争优势理论。

竞争优势是指竞争主体（不同国家或地区）在竞争条件下所显示出来的贸易市场竞争能力。对竞争优势理论研究得最为系统和深入的是迈克尔·波特，他于1990年提出了"钻石模型"，分析了一个国家或地区是如何形成整体竞争优势，从而在国际上具备较强竞争力的。"钻石模型"是研究产业竞争力的基础理论。

后来的国内外学者对产业竞争力的研究大多是围绕着"钻石模型"并结合当时当地的经济社会发展情况展开的，是对"钻石模型"与时俱进地完善和发展。刘小铁（2004）指出了"钻石模型"的不足，提出了适合我国产业竞争力的"五要素"决定论，这五个要素分别为资源条件、企业素质、技术创新、产业组织结构和政府。其中，前四个要素直接作用于产业竞争力，第五个要素则通过影响前四个要素间接作用于产业竞争力。

（4）后发优势理论。

Gerchenkron分析和总结了19世纪意大利、德国和俄国等欧洲落后国家实现经济追赶的成功经验，于1962年提出了后发优势理论。之后，Abramoitz（1989）提出的"追赶"假说以及Brezis等（1993）提出的"蛙跳模型"是对Gerchenkron后发优势理论的继承和发展。我国学者中，在后发优势理论领域影响力最大的是林毅夫教授。林毅夫教授基于中国经验的后发优势理论认为，后发国家或地区通过引进、模仿和学习（包括技术学习和制度学习），可以获得后发收益形成后发优势。由于与创新成本相比，学习和模仿成本要低得多，所以后发优势可能大于先发优势。这种由后发收益带来的后发优势是后发国家或地区高速增长的主要原因。

1.3.4.2 产业竞争力的实证研究

2001年加入世界贸易组织（WTO）后，我国制造业产业结构逐步发生了改变，产业竞争力得到了大幅度提升，因而关于产业竞争力的实证研究获得了学者们的强烈关注。本书从产业国际竞争力、产业地区竞争力和产业竞争力的影响因素等方面对相关实证研究进行梳理。

（1）产业国际竞争力。

聂聆和李三妹（2014）基于全球价值链（GVC）收入和核算框架，测算了各主要国家的显示性比较优势指数（RCA），分析了中国在制造业全球价值链（GVC）上的分工地位和竞争力。研究发现，中国通过参与制造业全球价值链（GVC）分工得到的增加值排名居世界首位，但处于制造业全球价值链（GVC）的低端环节。除对制造业整体国际竞争力进行研究外，学者们还对制造业具体行业的国际竞争力进行了比较研究，如陈斯琴和刘旭东（2016）考察了 2007~2014 年中国、美国、日本、韩国和挪威五个国家光伏产业竞争力的变化；曹悦恒和张少杰（2017）比较分析了中国、美国、德国、日本、韩国五个典型国家的汽车产业国际竞争力；周威（2014）分析和比较了我国与发达国家工程机械产业的国际竞争力，发现我国工程机械企业在投入产出的效率方面并不显著弱于发达国家，且外商直接投资溢出效应是我国工程机械产业增强国际竞争力的重要路径。

（2）产业地区竞争力。

万颖和章辉美（2015）基于我国 2003~2012 年省级面板数据，分别以全国及东部、中部和西部三个区域的中药产业竞争力为研究对象，实证分析了我国中药产业竞争力在东部、中部和西部三个区域间的差异。笔者认为地区产业竞争力出现明显差异的原因主要在于两个方面：一方面在于区域资源禀赋差异；另一方面在于外部环境不同。罗良文和赵凡（2021）使用中国2005~2016 年省级面板数据，实证分析了各省份高技术产业全行业集聚水平、高技术产业不同行业集聚水平和不同集聚模式对地区产业竞争力的影响。研究发现，高技术产业全行业集聚与地区产业竞争力之间呈现出明显的 U 型关系。

（3）产业竞争力的影响因素。

在已有关于产业竞争力影响因素的实证研究中，学者们主要关注的是环境规制（王文普，2013；徐敏燕和左和平，2013；余东华和孙婷，2017）、要素价格扭曲（余东华等，2018）、制造业发展质量（唐红祥等，2019）、产业集聚（谢子远和张海波，2014；谢子远和鞠芳辉，2014）、制造业出口服务化（吕云龙和吕越，2017）和互联网发展（郭然等，2021）等对产业竞争力的影响。

1.3.4.3　企业与产业竞争力的关系研究

企业是产业的微观基础。关于企业与产业竞争力之间的关系，已有研究大多从理论上进行阐释，辅以实证支持的不多。

（1）企业与产业竞争力的理论阐释。

波特的"钻石模型"把企业的战略、结构和竞争状况作为促成国家竞争优势的第四个条件。Oral 等（1999）对企业生产水平和产业竞争力的关系进行了研究，认为企业发展水平的提高，尤其是全要素生产率的提升，能够显著提高产业竞争力。刘小铁（2004）认为，企业素质与产业竞争力具有很强的关联性，企业技术素质、管理素质、企业规模和人员素质分别决定了产业创新水平、产业整体运行绩效、产业市场地位和产业可持续发展能力。

（2）企业与产业竞争力的实证检验。

封伟毅等（2012）研究发现企业技术创新能力显著提高了高技术产业的竞争力，具体地，开发能力对高技术产业竞争力的影响要大于技术转化能力对高技术产业竞争力的影响，创新环境在其中起到了调节作用。蒙大斌和蒋冠宏（2016）研究发现中国企业海外并购显著提升了产业技术创新绩效，国家间的制度距离在其中起到了正向调节作用。

1.3.5　文献评述

通过以上文献梳理，回顾了企业战略理论、企业成长理论、产业竞争力理论，并总结了关于企业战略激进度、企业成长和产业竞争力的实证研究结论，这些研究成果为厘清企业战略、企业成长和产业竞争力的理论脉络提供了丰富的素材，为本书有关企业战略激进度、企业成长和产业竞争力的内在关系、影响机理、传导机制和调节效应等的研究奠定了扎实的基础，提供了丰富的研究视角借鉴和研究方法参考。然而，现有文献仍存在一些需要完善的方面，有待进一步深化拓展研究，具体如下：

第一，虽然已有文献对产业竞争力的理论和实证研究已比较丰富，但是缺乏从企业战略视角出发对产业竞争力的研究。本书尝试建立企业战略激进度与产业竞争力之间的理论联系，并辅以实证验证，丰富了产业竞争力的影响因素研究。此外，目前还未有文献系统研究企业战略激进度对企业成长的影响。企业战略是企业基于市场竞争环境下（可以说是市场结构）的市场行为，既然战略是企业的市场行为，那么从哈佛学派"市场结构—市场行为—市场绩效"的观点来看，企业的战略激进度对企业的发展、成长是有影响的。那么，企业战略激进度对企业成长，进而对产业竞争力产生了什么样的影响呢？本书将对此进行较为系统的研究。

第二，已有研究中有关战略激进度的指标构成虽然不完全一致，但也大同小异。大多数国内学者对战略激进度的指标选取都是直接照搬国外研究，未充分考虑到我国企业发展的外部环境已经发生了巨大变化，企业成长路径也随之丰富起来。如随着我国资本市场日趋完善，并购已经成为企业成长的重要路径，而已有战略激进度指标构成中却未予以考虑。所以，本书在选取战略激进度的测度指标时，根据企业成长实际情况，与时俱进地纳入了并购维度指标。

第三，有必要就企业战略激进度对产业竞争力的影响做进一步的调节效应分析。战略激进度和产业竞争力的关系会受到很多因素的影响，这些影响因素中，比较重要的有融资约束、行业竞争和环境约束等。在市场经济环境中，政府需要对金融市场、行业环境进行监管以提供良好的市场竞争环境，需要对自然环境进行保护、对环境污染进行治理以达到可持续发展的目标，融资约束、行业竞争和环境约束三个因素是政府的关切。因而本书选取融资约束、行业竞争和环境约束为调节变量，分析这三个因素在战略激进度对产业竞争力的影响中发挥的作用，为政府决策提供参考。

1.4 研究内容和研究框架

1.4.1 研究内容

本书从世界制造业格局变化、我国制造业转型升级和企业普遍扩张等现实背景出发，以战略激进度为切入点，以企业成长为线索、产业竞争力为具体研究对象，分析和探讨战略激进度对我国产业竞争力的影响以及两者间的传导路径，并根据研究结果，分别从企业角度和政府角度为企业成长和产业竞争力的提高提出具体建议。本书共包括 7 章，主体部分采用"提出问题—分析问题—解决问题"的结构，内容包括绪论、概念界定和指标构建、现实考察、理论分析和假设、实证检验、传导路径检验以及研究结论、启示和展望等，具体安排如下：

第 1 章为绪论，主要阐述本书的研究背景、研究意义、文献回顾和评述、研究内容和研究框架、研究方法和技术路线、可能的创新点等。在回顾企业战略、企业成长、战略激进度及产业竞争力的相关理论和实证文献的基础上，提出本书的研究内容。

第 2 章为概念界定和指标构建。首先，对企业、企业战略、战略激进度、企业成长和产业竞争力等关键概念进行界定。其次，针对企业战略激进度、企业成长和产业竞争力的指标进行了选取、构建和测算，为后续实证检验做好准备。

第 3 章为企业成长和产业竞争力的现实考察。主要分析了制造业企业成长与制造业的历史演进及现状，通过发展进程与描述性统计数据分析相结合，展示了企业成长与制造业竞争力的基本事实。

第 4 章为理论分析和假设。把战略激进度分为外延激进度和内涵激进度，企业成长分为外延成长和内涵成长，分别从外延和内涵两个视角，分析外延激进度对企业外延成长的影响和内涵激进度对企业内涵成长的影响，而企业成长的情况会在整体上表现为产业竞争力。经过本章的理论分析，得到了企业战略激进度对产业竞争力影响的"战略激进度→企业成长→产业竞争力"完整传导路径，并提出本书的 4 个假设。

第 5 章为战略激进度对产业竞争力影响的实证检验。本章采用计量分析的方法，对第 4 章的假设 1 进行实证检验。为更深入理解战略激进度与产业竞争力的关系，本章做了进一步的实证分析。首先，实证分析了单维度战略激进度对产业竞争力的影响。其次，选取融资约束、行业竞争和绿色发展水平 3 个与政府制定政策相关的重要因素作为调节变量，分析了其对战略激进度与产业竞争力关系的调节作用，为后续政策启示部分提供依据。最后，区分产业生命周期不同阶段、不同企业规模和不同生产要素密集度，进行了异质性分析，认识产业生命周期不同阶段、不同企业规模和不同生产要素密集度企业采取进攻型战略对产业竞争力的影响，深化对企业战略激进度与产业竞争力之间关系的认识。

第 6 章为战略激进度对产业竞争力影响的传导路径检验。本章采用计量分析的方法，对第 4 章的假设 2、假设 2-1 和假设 2-2 进行实证检验，即实证检验企业成长是不是战略激进度对产业竞争力影响的中间路径、企业外延成长（营收成长、资产成长）是不是外延激进度对产业竞争力影响的中间路径、企业内涵成长（创新成长、利润成长）是不是内涵激进度对企业内涵成长的中间路径。本章深化了战略激进度对产业竞争力影响的不同企业成长路径的认识，为后续政策启示部分提供依据。

第 7 章为研究结论、启示和展望。首先简要总结本书的主要研究结论，依据结论分别对企业和政府提出具有针对性的政策建议；其次指出了本书研究中的不足之处，并对未来进行相关深入研究进行了展望。

1.4.2 研究框架

本书的研究框架如图 1-3 所示。

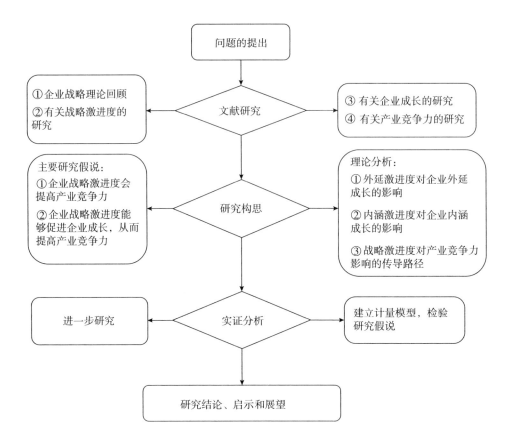

图 1-3　本书的研究框架

1.5　研究方法和技术路线

1.5.1　研究方法

选择适合的研究方法对一项研究来说至关重要。本书通过梳理国内外相关文献、收集相关案例，运用定性分析与定量分析相结合的方式，对战略激进度、企业成长和产业竞争力之间的关系进行了深入探究。具体地，本书主要采取了如下几种研究方法：

1.5.1.1 文献研究方法

文献研究方法贯穿于本书的整个研究过程。首先，通过文献研究，结合现实背景，确定本书的研究主题和切入点；其次，通过文献研究，对本书的企业战略、企业战略激进度、企业成长、产业竞争力等核心概念内涵进行界定，并对相关衡量指标的选取或构建进行了分析和讨论；最后，通过文献研究，结合现实情况，对我国制造业企业成长和制造业竞争力情况进行了考察，展示了我国制造业企业成长和制造业发展的基本事实，揭示了我国制造业企业成长和制造业发展过程中遇到的问题，为后续的理论和实证分析奠定了现实基础。

1.5.1.2 理论建模分析法

参考和借鉴了新古典经济学生产函数、创新理论、竞争理论和经济增长等理论内容，构建了企业外延战略激进度对企业外延成长、企业内涵战略激进度对企业内涵成长影响的理论分析框架，从理论上分析了企业战略激进度通过影响企业成长从而影响产业竞争力的中间机制。

1.5.1.3 计量分析方法

在战略激进度、企业成长与产业竞争力关系的实证研究中，应用多元线性回归分析方法，实证分析战略激进度对产业竞争力的影响，并基于异质性视角，实证分析了战略激进度对产业竞争力影响的具体路径。进一步地，引入融资约束、行业竞争和绿色发展水平进行调节效应分析，区分产业生命周期不同阶段、不同企业规模和不同生产要素密集度，进行异质性分析。

1.5.2 技术路线

本书将综合运用经济学、管理学、逻辑学等学科理论，遵循"提出问题—分析问题—解决问题"的实证分析范式进行推进。本书的技术路线如图 1-4 所示。

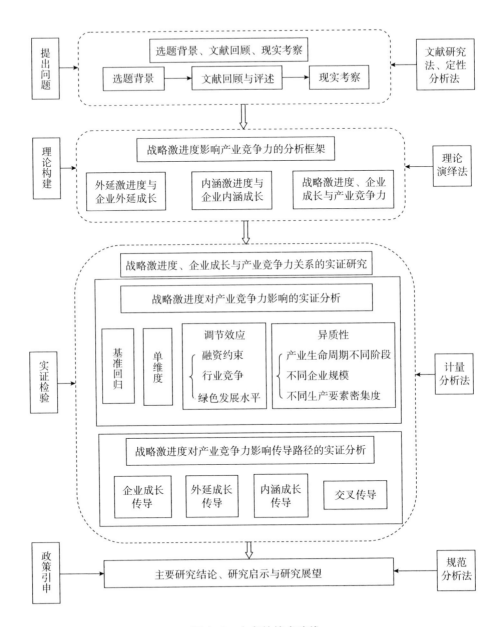

图 1-4 本书的技术路线

1.6 可能的创新点

基于相关理论和已有关于战略激进度、企业成长和产业竞争力的实证研究成果，本书可能的创新点主要体现在如下几个方面：

1.6.1 研究视角创新

通过梳理文献发现，虽然关于战略激进度、企业成长和产业竞争力的研究已经比较丰富，但还没有从企业战略激进度这一微观视角出发对产业竞争力进行的研究。本书首次从战略激进度视角研究产业竞争力，在视角上具有创新性。同时，本书的研究把战略激进度对经济社会的影响延伸到产业竞争力这一中观层面，在更高维度对企业战略激进度的影响进行考察，为政府制定经济政策提供参考。

1.6.2 在战略激进度指标的衡量方法上有一定创新

企业战略方式随着国内外形势和社会经济发展阶段的变化而变化。为推动产业结构调整、转变经济发展方式和适应世界经济形势深刻变化、增强我国经济抵御国际市场风险的能力，2010 年 9 月，国务院发布了《国务院关于促进企业兼并重组的意见》（国发〔2010〕27 号）（以下简称《意见》），时任工业和信息化部部长李毅中认为必须把促进企业兼并重组作为在未来国际竞争中抢占制高点、争创竞争优势的重大举措，提高国内企业实力和应对危机的能力，从而更好地把握我国产业参与国际竞争合作的主动权①。《意见》的出台意味着并购成长可能成为企业发展的新路径。因而，本书把并购纳入战略激进度衡量指标，符合我国国家战略和国情，与时俱进地体现了企业战

---

① 李毅中就《国务院关于促进企业兼并重组的意见》答记者问［EB/OL］.（2010-09-20）［2022-10-03］. https：//www.163.com/money/article/6H269IDA00253B0H.html.

略方式的新发展。

1.6.3 研究内容的拓展

把战略激进度分为外延激进度和内涵激进度，企业成长分为外延成长（营收成长和资产成长）和内涵成长（创新成长和利润成长），研究了战略激进度对产业竞争力影响的外延传导路径、内涵传导路径和交叉传导路径。

研究发现，外延激进度通过促进企业的营收外延成长和资产外延成长从而提高了产业竞争力，影响机制主要在于规模扩大效应和规模经济效应。内涵激进度通过促进企业的创新内涵成长、营收外延成长和资产外延成长从而促进了产业竞争力，影响机制主要在于逃离竞争效应和交叉传导效应。而外延激进度和内涵激进度均未能显著促进企业利润成长从而促进产业竞争力。本书的研究结论表明规模成长仍然是我国企业成长的重要路径，规模仍然是我国产业竞争力的重要优势；我国制造业企业利润成长乏力、"大而不强"，制造业仍然处于中低端的现实依然没有改变。

第 2 章　概念界定和指标构建

2.1　相关概念界定

要考察战略激进度、企业成长与产业竞争力之间的关系，首先要做的是对战略激进度、企业成长和产业竞争力三个核心概念进行明确界定，对其内涵进行清晰阐释，避免概念和内涵上的混淆，为本书实证研究部分科学地选择指标奠定基础。

2.1.1　战略激进度

战略激进度是对企业采取战略的一种衡量，因而在对战略激进度这一概念进行界定之前，首先要对企业和企业战略的概念进行界定。

2.1.1.1　企业

企业是社会和经济发展的产物，不同的学科和理论对企业看法的侧重点不同。管理学认为，企业是一类组织；经济学认为，企业是创造利润的机器；法学认为，企业是若干组契约关系的集合；商学认为，企业是一种商业模式；社会学认为，企业是人的集合，是利益的集合体；组织理论认为，企业是权益结构、组织结构、管理结构和业务结构四种结构的统一体。本书中的企业指的是公司，公司是企业各种形式中最重要的一种，即由股东共同出资，依法定条件和程序设立，以营利为目的的企业法人。

2.1.1.2 企业战略

"战略"这一概念源于军事领域，是一种指导军事战争全局的"计谋策略"，从狭义角度来看，具有对抗性、全局性和谋略性；从广义角度来看，具有合作性。企业之间的竞争和军事作战很相似，最大的不同在于目标的不同，军事作战中的战略以战胜对手为目标，而企业战略的目标是资源整合和价值创造，资源整合的最终目的也是价值创造。因而自20世纪60年代开始，随着企业竞争的加剧，军事战略的原理和思想自然地被借鉴和应用到经济领域。

随着企业实践的不断深入，企业战略管理理论虽然在20世纪中后期开始得到快速发展并取得了丰富的研究成果，但学术界对"企业战略"的定义始终没有达成一致。主要有以下几个代表性的定义：Chandler在1962年出版的《战略与结构》中把企业战略定义为：企业长期基本目标的决定及贯彻这些目标所必须采取的行动方案和资源分配；Ansoff在1965年出版的《公司战略》中认为，企业战略由产品与市场范围、成长方向、竞争优势、协同作用四个要素构成，作为贯穿企业经营与产品和市场的共同经营主线，企业战略决定着企业当前所从事的或是计划要从事的经营业务的基本性质；Porter（1979）从产业组织理论角度出发，把战略看作是创造唯一有价值的并且涉及一系列不同经营活动的行为。Mintzberg（1987）认为，在生产经营活动中，企业战略的内涵随着不同的场合而不同，他提出了企业战略的"5P"模型（Plan、Ploy、Pattern、Position 和 Perspective），从计划、计策、模式、定位和观念五个不同角度对企业战略进行了阐述。虽然由于企业战略的内涵太丰富且仍在不断发展中，很难对其进行统一的定义，但目前学术界对其特征的理解已经达成了一定的共识，认为企业战略主要以全局性、长远性、指导性、竞争性、风险性、相对稳定性为特征。

借鉴已有研究，本书从经济学视角出发，认为企业战略是指企业根据自身资源条件和外部环境，以创造利润为目的，确定企业发展目标，并为达到目标有计划地在不同的战略维度上制定资源优化配置策略的动态过程。

2.1.1.3 战略激进度

战略激进度是对企业采取的战略在主动性方面的一种衡量。目前有关企业战略激进度的研究中只要很少的学者对战略激进度进行了粗略的定义，如袁蓉丽等（2020）把企业战略激进度定义为是组织适应外部环境的程度，企业激进度越高，表明企业努力适应外部环境变化的程度越高，越倾向于采用进攻型战略。原因可能在于已有文献大多把战略激进度作为一种视角，很难用简短的语言对其进行清晰的定义。本书此处通过阐释战略激进度的类型特征对其内涵进行间接说明。

对战略激进度的研究可以追溯到 Miles 和 Snow（1978）对企业战略类型的划分。Miles 和 Snow 假设企业战略是在一条线段上连续定位的，线段一端是进攻型战略，另一端是防御型战略，而分析型战略处于两者中间，即企业战略被分为进攻型、防御型和分析型三种类型。除 Miles 和 Snow 外，也有学者对企业战略类型进行了划分。比较有影响力的有两种：一种是 Porter（1979）的"一般性竞争战略"观点，此观点将企业战略分为成本领先战略、差异化战略和聚焦战略三种类型；另一种是 Treacy 和 Wiersema（1995）提出的卓越执行体制、产品领导地位和顾客亲密度三种战略类型。在这三种主流企业战略类型的分类中，从理论上来说，Porter 的差异化战略揭示了企业战略的本质。Porter 认为，差异化战略是指向顾客提供的产品或服务是否在行业内具备区别于其他竞争对手的特色，这种特色可以给产品或服务提供额外的溢价。战略激进度本质上体现的是企业战略在进攻性方面的差异性，这种差异性会给企业产品或服务带来额外的溢价，使得企业获得竞争优势，从而影响产业竞争力。因 Miles 和 Snow 的划分可以较好地将另外两个学者对于企业战略的分类包容进来，所以应用最为广泛。例如，Miles 和 Snow 的进攻型战略与 Porter 的差异化战略、Treacy 和 Wiersema 的产品领导地位类似，Miles 和 Snow 的保守型战略与 Porter 的成本领先战略、Treacy 和 Wiersema 的卓越的执行体制相似（Bentley 等，2013）。后续学者们的经验研究结果证明 Miles 和 Snow 的分类法在现实中非常有效（Hambrick 等，1983）。

进攻型企业的主要特征是具有较高的创新导向和市场导向，以技术领先作为核心竞争优势，乐于在不确定的环境中寻找增长机会（Higgins 等，2015），能够迅速改变企业的产品市场组合，在许多领域成为创新的市场领导者，具体表现为激进的战略偏好，即战略激进度高。而防御型企业通过降低生产成本和提升生产效率来维持现有的市场份额，缺乏开拓新业务的热情（Bentley 等，2013），愿意保持一个狭窄和稳定的产品焦点，在价格、服务或质量的基础上竞争，具体表现为保守的战略偏好，即战略激进度低。分析型企业的战略特点则介于两者之间。

2.1.2 企业成长

企业成长是企业生产经营的终极目标，是经济发展的驱动因素，它的产生和发展动态一直受到国内外学者、企业实践者和政策制定者的广泛关注（Leitch 等，2010；Wiklund 等，2009）。国内外学者普遍认为企业成长是一种连续性的、动态发展变化的现象和过程，是全行业和整体经济发展的驱动因素，把企业成长描述成一个复杂的、很难预测和评估的多维现象（Delmar 等，2003）。至今学术界对企业成长的概念一直没有形成统一和明确的认识。从宏观企业成长的概念框架来看，过去主流的看法认为企业成长就是企业增长，即企业的规模随时间逐渐增长或扩张[①]。

企业成长是企业随着时间推移，实现其经营发展目标并获得成功的动态变化过程（Weinzimmer 等，1998；Hynes，2010）。国内最早对企业成长做出专门论述的学者是杨杜，他从企业掌控资源的角度，认为企业成长是企业可掌控的"经营资源"逐步增加的过程[②]。

随着社会的进步、经济的发展和市场竞争的加剧，企业成长突破了规模的范畴。当代学者们普遍认为，企业成长不仅包括企业规模（量）的扩张，还包括企业素质（质）的提高（刘国光，2001；廖进球，2012）。"量"即规

---

① 日本著名经营学家清水龙莹把企业成长定义为"在许多约束条件下经过较长的时间企业规模扩大的过程"。

② 杨杜. 企业成长理论 [M]. 北京：中国人民大学出版社，1996.

模，量的扩大，即经营资源单纯量的增加，表现为资产的增值、销售额的增加、盈利的提高、员工人数的增加等；"质"即素质，质的提升，指经营资源性质的变化、结构的重组、支配主体的革新等，如企业创新能力的增强、对环境适应能力的增强等。

王爱群和唐文萍（2017）把企业成长定义为企业在持续经营中不断优化内外部资源配置、实现规模增长与效益提升的过程。这个定义中体现出了企业成长的过程和结果。

以上对企业成长的定义或内涵界定体现了企业成长的不同维度和不同深度，给本书提供了很好的参考和借鉴。2015 年，中共中央、国务院印发的《关于深化国有企业改革的指导意见》（以下简称《指导意见》）中明确提出要做大做优做强国有企业。本书认为，《指导意见》中的做大表现在"量"上，即企业规模要做大；做优做强体现在"质"上，即企业素质要提高。也就是说，"量"的成长和"质"的成长是企业成长的两种方式，本书把企业"量"的成长称为外延成长，把企业"质"的成长称为内涵成长。在企业成长过程中，外延成长和内涵成长彼此相互作用和反作用，不可割裂。一方面，企业内涵素质发生变化时，通常都会伴以规模的扩张或收缩；另一方面，企业外延规模扩张也会对企业下一步的发展产生正面或负面的影响。可以说，企业外延规模扩张是企业成长外在之"形"，企业内涵素质提高是企业成长内在之"势"，而企业成长的本质在于追求内涵成长之"势"。

因此，本书在经济学视域下，结合战略激进度这一研究视角，把企业成长界定为企业以利润创造为导向，采取独特的战略，壮大企业规模，形成规模经济优势；通过创新驱动开发新产品，或实现组织变革，获得内涵增长的过程。其中，前一种成长方式为企业外延成长方式，后一种成长方式为企业内涵成长方式。

2.1.3 产业竞争力

产业竞争力实质上属于一个比较大的概念，以下从比较的视角出发归纳已有研究中对产业竞争力内涵的阐述和概念的界定。

2.1.3.1　国际竞争力视角

Porter（1979）基于国际竞争力视角深入分析产业竞争力的国外代表性学者，但 Porter 并未直接给出"产业竞争力"的定义，而是从企业和产业的角度深入剖析国家竞争力问题，认为"国家环境"决定了企业和产业的竞争优势，而企业和产业的竞争优势又决定了国家竞争力。Porter 通过对 10 个国家上百种产业发展过程的研究，归纳总结出了"钻石模型"，以分析国家如何在特定领域上建立竞争优势。国内主要代表性学者是金培教授。金培教授把产业竞争力定义为"在国与国间自由贸易条件下（或在排除了贸易壁垒因素的假设条件下），一国特定产业以其相对于他国的更高生产力，向国际市场提供符合消费者（包括生产性消费者）或购买者需求的更多产品，并持续获得盈利的能力"。这一定义在国内有广泛的影响，被许多学者引用（张超，2002；庞娟，2005）。

2.1.3.2　区域竞争力视角

盛世豪认为，产业竞争力，是指某产业在区域间竞争中，在公正、合理的市场条件下，提供有效产品和服务的能力，是产业的价格能力、供给能力和投资盈利能力的综合①。董晓辉（2011）认为，区域产业竞争力是指某地区某产业在稳定的可持续生产能力的基础上，通过科技创新、资源配置等手段，降低生产成本、提高产品性能，能够在大市场上比其他地区提供更好的产品（或服务），实现持续谋取利润的综合能力。

2.1.3.3　产业竞争优势视角

产业竞争优势最终会体现在企业和产业的产品市场实现能力上。裴长洪和王镭（2002）指出，产业竞争力是指某地产业的比较优势和其一般市场绝对竞争优势之和。张超（2002）认为，产业竞争力是指不同国家的同类产业间在生产能力、生产效率和创新能力方面的比较，以及在自由贸易条件下不同国家同类产业在产品市场上的竞争能力。刘小铁（2004）以产业竞争优势的结果为导向，把产业竞争力定义为一国产业在与他国同一产业进行国际竞

---

① 盛世豪. 产业竞争论［M］. 杭州：杭州大学出版社，1999.

争时表现出来（或具备）的较强的市场拓展能力。赵洪斌（2004）分析了产业的基本特征和内涵，把产业竞争力定义为产业获取资源并利用资源参与竞争的能力，他认为产业竞争力是产业综合技术水平的集中体现。

从产业竞争力的已有定义来看，学术界对产业竞争力的认识还没有完全达成一致，一方面说明了产业竞争力的内涵十分丰富，以至于很难给其下一个能够包含其全部内涵的统一定义；另一方面说明了对于产业竞争力的研究还有十分巨大的探索空间。

本书根据研究目的，沿用刘小铁（2004）对产业竞争力的定义，一国产业在与他国同一产业进行国际竞争时表现出来（或具备）的较强的市场拓展能力。认同产业竞争力的强弱最终都应在国际市场份额的大小上得到体现。产业竞争力越高，在国际市场上占有的市场份额越大，主要原因如下：

第一，自 20 世纪 80 年代工业技术的发展使得世界进入全球化时代以来，产业竞争的范围就扩展到了世界市场，在激烈的市场竞争环境下，不断提高产业竞争力便成为每个工业国一致追逐的目标。虽然我国目前因中美贸易摩擦的影响，提出了逐步形成以国内大循环为主体、国内国际双循环相互促进的新发展格局，但同时也强调，以国内大循环为主体，绝不是关起门来封闭运行，而是通过发挥内需潜力，使国内市场和国际市场更好联通，更好利用国际国内两个市场、两种资源，实现更加强劲和可持续的发展。

第二，从市场角度对产业竞争力进行定义更为直观和具体。影响产业竞争力的因素众多，直接的和间接的、宏观的和微观的、长远的和当前的。如果宽泛地对产业竞争力进行定义，不但难以对产业竞争力进行评价，而且也不方便进行具体操作。把产业竞争力落脚到市场拓展能力上，就能够方便和具体地对产业竞争力进行度量和比较。

第三，市场拓展能力具有十分丰富的内涵，反映出了产业竞争力的动态持续性。产业竞争力在竞争中要想持续地提高，作为产业内主体的企业在国际竞争中，必须不断努力保持并扩大市场份额，根据市场变化调整企业战略（如开发新产品、加强技术创新、优化资源配置、调整组织结构等），满足和引领市场需求，从而推动所在产业竞争力的提高。

2.2 战略激进度指标构建

2.2.1 经典文献中战略指标的选择与计算方法

根据 2.1.1 对战略激进度的内涵阐释，可知战略激进度需要用一个复合指标来衡量。已有文献根据研究目标构建的战略激进度或战略差异度指标主要有两种：一种是六个维度；另一种是四个维度。每一个单维度指标都构成了企业战略的一个关键方面。这些单维度指标为企业战略这一复合指标提供了企业在某一方面的竞争情况，即企业在竞争中如何进行战略配置。已有关于企业战略指标选取和度量的经典文献主要可以追溯到以下四篇：

第一篇文献来自 Finkelstein 和 Hambrick（1990）。笔者以高层管理人员自由裁量权为调节变量，探讨了高层管理人员任期与企业战略持续性、战略一致性、组织绩效结果的关系。文中构建的企业战略综合指标选取了以下六个维度。①广告强度，用广告投入与销售额之比表示。②研发强度，用研发投入与销售额之比表示。③新置厂房和设备，用净资产与总资产之比表示。④非生产性开销，用销售管理费用与销售额之比表示。⑤库存水平，用库存与销售额之比表示。⑥财务杠杆，用债务与资产净值表示。作者说明了选择这六个战略维度指标的原因：第一，它们易于被高层管理者控制；第二，它们可能对公司业绩有重要影响；第三，它们之间具有互补性，每一个指标都侧重于公司战略的一个具体且重要的方面；第四，它们易于收集数据，并且同一个行业内的公司之间具有相对可靠的相似性。各维度战略都在以往的企业策略研究中得到了应用。笔者认为，广告强度、研发强度、新置厂房和设备是基本的资源分配，非生产性开销反映的是企业的费用结构，库存水平表示产品的循环时间和营运资本管理水平，财务杠杆是一个公认的衡量金融杠杆的指标（Schoeffler 等，1975；Schendel 和 Patton，1978）。文中构建的战略持久性和战略一致性的计算方法分别如下：

战略持久性的计算方法：首先，将 t 作为焦点年，计算每个战略维度的五年（从 t-1 年到 t+3 年）方差（$(\sum t_i - T)^2/n - 1$）；其次，对每个维度的方差得分按行业进行均值为 0、标准偏差为 1 的标准化，并乘以（-1），以使度量符合持久性的概念；最后，把这六个标准化指标相加便得到了战略持久性这个综合指标。

战略一致性的计算方法为：首先，对于第 t 年，每个战略维度按行业进行均值为 0、标准差为 1 的标准化；其次，计算一个公司在每一个战略维度上的得分与该行业中所有样本公司的平均得分之间的绝对差异；接着，将这些绝对差异乘以（-1），将其含义转换为"一致性"（即，与竞争对手没有差异）；最后，把这六个标准化指标相加便得到了战略一致性这个综合指标。

第二篇文献来自 Geletkanycz 和 Hambrick（1997）。笔者在研究企业高层管理人员的外部关系对企业战略选择和企业绩效的影响时，构建了如下六个维度的企业战略指标。①广告强度，用广告费用与销售额之比表示。②资本强度，用固定资产与员工人数表示。③工厂和设备新度，用工厂和设备净值与工厂和设备总额之比表示。④研发强度，用研发费用与销售额之比表示。⑤间接费用效率，用销售、一般和管理费用与销售额之比表示。⑥财务杠杆，用总债务与权益之比表示。笔者认为，每一个维度都反映了公司高管的重要战略选择。并且，它反映的是已经实现的维度，而不是停留在高管对未来的看法或畅想上。广告强度、资本强度、工厂和设备新度以及研发强度是企业在营销、创新和产能扩张活动中资源配置和管理的指标，间接费用效率反映了公司的费用结构，而财务杠杆反映了组织的资本管理方法。

文中战略差异度这一综合指标的计算方式为：首先分年度按行业对每个战略指标进行均值为 0、标准差为 1 的标准化；然后计算每个企业的值与行业平均值的绝对差异；最后将所有六个差异测量值相加并乘以（-1），从而创建一个单一的、综合的一致性指标。

第三篇文献来自 Ittner 等（1997）。笔者研究了与财务绩效相比，追求创新导向的企业在 CEO 年度奖金合同中是否会更重视非财务绩效。作者基于 Miles 和 Snow（1978）在对企业战略类型划分，构建了由如下四个战略维度组成的衡量企业战略的指标。①研发强度，用研发投入与销售额之比表示。这一指标反映的是企业寻找新产品倾向。由于激进型企业会进行更多创新活动，因此与防御型企业相比，激进型企业会进行更多的研究和开发活动（Hambrick 等，1983）。②企业股票市价比，用股票市价与账面价值之比表示。继 Smith 和 Watts（1992）、Bushman 等（1996）之后，企业股票市价比常常用来代表企业增长或投资机会，并且与防御型企业相比，激进型企业具有更大的潜力。③劳动生产率，用员工人数与销售额之比表示。这一指标反映了企业生产、分配商品和服务效率的能力。由于防御型战略的目标是效率最大化，遵循这一战略的公司每销售 1 美元，预计会有更少的员工。④新产品或新服务的引入，用新产品或新服务的引入费用表示。这一指标可以评估公司对新产品或新服务的重视程度。与防御型企业相比，激进型企业会更加重视扩大产品领域（Miles 和 Snow，1978；Hambrick，1983）。

文中战略激进度这一综合指标的计算方式如下：研发强度、企业股票市价比和劳动生产率指标用过去五年的滚动平均值来衡量，新产品或新服务的引入指标采用的是过去三年的均值来衡量。以上四个指标按照"行业—年度"样本分组后，按照从小到大的顺序进行排列，将每组分为五个小组，分别赋值为 1、2、3、4、5，将四个小组的评分相加得到了最终的战略评分，形成取值 4~20 的离散型变量，分数越高表示公司激进度越大，越倾向于采取进攻型战略；反之，分数越低，越倾向于采取保守型战略。

第四篇文献来自 Bentley 等（2013）。笔者在研究企业战略、财务报告违规行为和审计努力之间的关系时，在 Miles 和 Snow（1978，2003）把企业组织策略划分为进攻型、分析型和防御型三种类型的基础上，开发了一种商业战略的测量方法，构建了一个离散的战略组合度量来代表企业战略，由以下六个维度组成。①研发强度，用研发与销售额之比表示；②劳动生产率，用员工人数与销售额之比表示；③销售额历史增长，用总销售额的一年变化百分比表示；④非生产性开销，用销售管理费用与销售额之比表示；⑤员工波动程度，用员工人数的标准差表示；⑥资本密集度，用固定资产净值与总资产之比表示。作者在"非生产性开销"指标的选取上，与 Hambrick 等

（1983）的看法一致，认为销售管理费用与销售额的比率能够比较好地把进攻型和防御型战略区分开来；在指标"员工波动程度"和"资本密集度"指标的选取上，与 Miles 和 Snow（1978，2003）看法一致，认为代表组织稳定性的员工任期长度和反映在整体资本强度中的运营效率和自动化这两个指标能够较好地区分进攻型和防御型的企业战略。

文中战略激进度这一综合指标的计算方法如下。所有指标都使用前 5 年的滚动平均值来计算。以上六个指标按照"行业—年度"样本分组后，对这六个指标进行五分位排序。那些具有最高五分位数变量的观察值为 5 分，第二高五分位数变量为 4 分，以此类推，而那些具有最低五分位数变量的观察值为 1 分。最终形成取值 6~30 的离散型变量，分数越高表示公司激进度越大，越倾向于进攻型战略；反之，分数越低，越倾向于保守型战略。

为了方便对比，把经典文献中企业战略指标的构建维度选取归纳如表 2-1 所示。

战略差异度、战略激进度、战略持续性、战略一致性都是对企业战略的衡量，但侧重点不同。因而选取的单维度指标除关于战略的共性指标外，还要有体现不同侧重点的个性指标。从表 2-1 可以看出，经典文献企业战略维度指标选取中，共性指标只有一个，即研发投入强度，说明企业对研发重要性的认识已完全达成一致，均认为研发和创新对企业生存和发展来说是必不可少的。战略持续性、战略一致性和战略差异度选取指标时在广告强度、非生产性开销、财务杠杆、固定资产投入等方面具有共性，差别在于库存水平和资本强度指标上。库存水平更能体现战略的持续性和一致性，资本强度更能体现战略差异性。Ittner 等（1997）和 Bentley 等（2013）对战略激进度单维度指标的选取中，除研发强度和劳动生产率两个共性指标外，其他指标差异较大。

2.2.2　本书战略指标的选择与计算方法

国内学者关于战略差异度的指标大多与 Geletkanycz 和 Hambrick（1997）一致，如叶康涛等（2015）、王化成等（2019）、孙洁和殷方圆（2020），关于战略激进度的指标选取大多与 Bentley 等（2013）一致，如丁方飞和陈如焰

表2-1 经典文献和本书的企业战略单维度指标选择

	经典文献				本书
标题	高层管理人员任期与企业战略持续性，战略一致性	高层管理人员的外部关系：对战略选择和绩效的影响	CEO奖金合同中财务和非财务绩效指标相对权重的影响因素	企业战略、财务报告违规行为和审计努力	战略激进度、企业成长与产业竞争力
作者	Finkelstein 和 Hambrick（1990）	Geletkanycz 和 Hambrick（1997）	Ittner 等（1997）	Bentley 等（2013）	笔者
名称	战略持续性（一致性）	战略差异度	战略激进度	战略激进度	战略激进度
维度	①研发强度	①研发强度	①研发强度	①研发强度	①研发投入强度
	②广告强度	②广告强度	②劳动生产率	②劳动生产率	②管理强度
	③薪置厂房和设备	③同间接费用效率	③引进的新产品或服务	③非生产性开销	③财务杠杆强度
	④非生产性开销	④工厂和设备新度	④企业股票市价比	④销售额增长率	④销售投入强度
	⑤库存水平	⑤资本强度		⑤员工波动程度	⑤员工波动强度
	⑥财务杠杆	⑥财务杠杆		⑥资本密集度程度	⑥固定资产投入强度
					⑦并购强度

（2020）、袁蓉丽等（2020）。本书经过对以上四篇经典文献的比较分析认为，上述四种企业战略维度指标选取都比较好地反映了其研究目的。可以看出，指标必须反映出战略激进的程度，体现出企业的主动性和进攻性，而投入角度是较好的观察角度。因此，本书选取研发投入强度、管理强度、财务杠杆强度、销售投入强度、员工波动强度、固定资产投入强度和并购强度七个维度指标，从投入主动性方面来体现企业战略激进度。

2.2.2.1 研发投入强度

用研发投入与营业收入之比表示。前文已经比较过，这一指标是衡量企业战略的具有共性的单维度指标。李文茜和刘益（2017）认为研发投入能够非常有效地转化为企业的技术产出，技术创新对企业具有决定性的作用已经成为广泛的共识。因而，在研发投入强度方面，与保守型企业相比，激进型企业会更注重加大研发投入进行技术创新，研发投入强度会更大。由于我国财务报告制度并不强制披露研发支出情况，而研发支出最终将转化为无形资产，两者替代性很高，本书借鉴已有文献的通常做法，采用无形资产净额替代研发支出（叶康涛等，2014）。

2.2.2.2 管理强度

用管理费用与营业收入之比表示，即管理费用率。管理费用率是企业价值分析的重要指标之一。传统财务会计认为，管理费用率代表企业的经营效率，管理费用率提高说明经营效率降低，不利于企业的未来成长；管理费用率下降说明经营效率提高，有利于企业的未来成长（Lev 和 Thiagarajan，1993）。对制造业来说，管理费用效率尤其重要。在管理费用强度方面，与保守型企业相比，激进型企业能够减少管理费用的浪费，提高管理费用的使用效率，管理费用强度会更小。

2.2.2.3 财务杠杆强度

用负债总额与权益资本成本之比表示[①]。Geletkanycz 和 Hambrick（1997）认为财务杠杆反映了组织的资本管理方法。企业的成长离不开资金的支持，

[①] 借鉴王化成等（2019）的研究，本书应用 PEG 模型对企业权益资本成本进行估计。

资金是企业生存和发展的重要保障。企业资金的来源有两个方面：一方面来源于企业自身的经营积累；另一方面来源于举借债务。负债经营是指企业以已有的自有资金作为基础，为了维系企业的正常运营、扩大经营规模、开创新事业等，产生财务需求，发生现金流量不足，通过银行借款、商业信用和发行债券等形式吸收资金，并运用这笔资金从事生产经营活动，使企业资产不断得到补偿、增值和更新的一种现代企业筹资的经营方式。在现代市场经济条件下，负债经营是企业迅速壮大发展的重要途径。企业负债多意味着财务杠杆系数大。合理使用财务杠杆已经成为企业的重大发展战略。企业采取战略的激进程度越高越需要财务资源的支持。在财务杠杆强度方面，与保守型企业相比，激进型企业对资金要求更大，因而需要更大的财务杠杆率。

2.2.2.4 销售投入强度

用销售费用与营业收入之比表示。营销指企业发现或发掘准消费者需求，让消费者了解企业产品进而进行购买的过程。在如今的市场经济条件下，制造业产品属于买方市场，对处于买方市场的企业运营过程来说，营销既是起点也是终点。合理营销能够显著地提高企业绩效（刘洪深等，2013；牛志勇和王军，2017）。拿常见的广告营销方式来说，伊利股份近年来在广告上的投入超过其总营收的10%，且有逐年增长趋势，强劲的广告投入带来了销售额的增长。事实上，伊利广告费效比超过60%，百亿元广告投入还带来了70亿元的净利润[①]。因而，在销售投入强度方面，与保守型企业相比，激进型企业投入强度会更大。

2.2.2.5 员工波动强度

用员工人数的标准差与均值的比值来计算。Miles 和 Snow（1978，2003）认为员工波动程度是能够较好体现出企业战略激进程度的指标之一。与保守型企业相比，激进型企业通常采用的战术之一就是大规模招聘新员工，一方面为企业拓展新市场、开创新业务、研发新产品；另一方面为企业的扩张储备人才。因而，与保守型企业相比，采用激进型战略的企业员工波动程度会更大。

---

① 林辰. 成功国潮品牌背后都看广告费效比 [EB/OL]. (2020-07-06) [2022-06-15] . http：//finance. sina. com. cn/stock/relnews/hk/2020-07-06/doc-iirczymm0826301. shtml.

2.2.2.6　固定资产投入强度

用固定资产净值与总资产之比表示。制造业具有重资产属性，固定资产投资是制造业企业进行生产和再生产的主要手段，在保持和扩大企业的生产能力和经营能力方面发挥着重要作用。在激烈的市场竞争中，企业必须采用愈加高效率、低耗能、先进、自动化的设备来实现高质量和高效率的生产。美国和德国分别用了 20 多年和 30 多年的时间超过了法国和英国，非常重要的一个原因就在于美国和德国在设备投入方面超过了法国和英国。当企业扩大生产经营规模时，固定资产会增加，但是占总资产比重会下降。与保守型企业相比，激进型企业通常会有更低的资本密度，即与保守型企业相比，激进型企业的固定资产投入强度更低（Hambrick 等，1983；丁方飞和陈如焰，2020）。

2.2.2.7　并购强度

用并购次数的标准差表示。这是本书新增加的企业战略维度指标。企业并购是指企业通过购买目标企业的股权或资产，控制、影响目标企业，以增强企业的竞争优势、实现价值增值的方式。企业并购理论认为，企业并购是现代经济生活中企业自我发展的一个重要内容，是市场经济条件下企业资本经营的重要方面。通过并购，企业可以有效实现资源合理配置，扩大生产经营规模，实现协同效应，降低交易成本，并可以提高企业的价值。并购是实现产业发展、整合和提升、提高产业竞争力的必由之路，这一认识也得到了政策支持。2017 年，中国人民银行、工业和信息化部、银监会、证监会和保监会联合发布了《关于金融支持制造强国建设的指导意见》（以下简称《指导意见》），《指导意见》在指出多层次资本市场的重要作用时，特别强调了要发挥市场的股权融资作用，鼓励制造业企业通过资本市场并购重组，实现行业整合和布局调整优化，提高产业竞争力。Hughes 和 Mester（1998）认为，采取并购战略的企业超过 80% 将企业成长作为首要因素；杜传忠和郭树龙（2012）认为并购已成为企业扩张与成长的重要外部途径；何小钢（2015）认为中国企业跨国并购会影响企业在本土的经营绩效和国际竞争力，从而在宏观上影响产业竞争力。中国沪深 A 股上市公司 2016~2020 年并购交易完成数量分别为 5450 件、7273 件、8877 件、9388 件和 7362 件，除 2020

年因新冠肺炎疫情影响略有下降外，其余年份企业并购次数都是增长的，且交易成功率每年均达96%以上。从企业成长实践来看，并购已经成为不可忽视的重要路径，因而，在构建企业战略指标时，必须与时俱进地把并购维度纳入进来。与保守型企业相比，激进型企业更愿意采用并购方式以迅速扩大规模、优化资源配置、获取先进技术和新的市场机会。

本书没有选择企业股票市价比等与企业股票市值相关维度指标是因为与美国等发达国家股票市场相比，国内证券市场还不成熟，过度投机现象较严重，换手率过高、股票指数骤升骤降、交易额急剧增减，股票市值常常不能代表股票的价值，因而不能准确代表企业的实际价值。没有选择销售额增长率和劳动生产率指标是因为本书认为这类指标不属于投入指标，而是企业采取不同激进程度的战略后导致的结果，而不是推动战略执行的原因，不能体现企业战略的主动性。没有选择库存水平指标是因为随着近些年人工智能的普及、企业信息化的发展和制造业与数字技术的融合，库存战术在现代制造业企业发展中的重要性急剧下降。本书把已有研究中表示间接费用效率的销售和管理费用与销售额之比分开成销售投入强度和管理强度两个维度，从投入方面来看，销售战略和管理战略是两条不同的战略，两种战略都非常重要，与保守型企业相比，激进型企业的销售强度表现为更高的销售投入与销售额占比，管理强度表现为更低的管理投入与销售额占比。

参考已有研究的做法，本书计算战略激进度这一综合指标的方法如下。研究投入强度、管理强度、财务杠杆强度、销售投入强度和固定资产投入强度都使用前5年的滚动平均值来计算，员工波动强度和并购强度用过去五年标准差与均值的比值来计算。以上七个指标按照"行业—年度"样本分组后，对这七个指标进行五分位排序。那些具有最高五分位数变量的观察值为5分，具有第二高五分位数变量为4分，以此类推，而那些具有最低五分位数变量的观察值为1分。研究投入强度、财务杠杆强度、销售投入强度、员工波动强度和并购强度按照从小到大的顺序排列，管理强度和固定资产投入强度按照从大到小的顺序排列，最终形成取值在7~35分的离散型变量，分数越高表示战略激进度越大，越倾向于采取进攻型战略；反之，分数越低，越倾向于采取保守型战略。同理,外延战略激进度和内涵战略激进度均是按此方法进行测算。

企业采取激进战略的目标是为了获得企业成长,2.1.2 在阐述企业成长的概念时,把企业成长分为外延成长和内涵成长两种方式,与之相对应,战略激进度也可以分为外延激进度和内涵激进度两个方面。其中,外延激进度以扩大企业规模为目标,内涵激进度以提高企业素质为目标。因为企业的内涵素质通常体现在技术和管理两个方面,本书把研发强度和管理强度归为内涵激进方式,销售投入强度、员工波动强度、固定资产投入强度和并购强度归为外延激进方式。而财务杠杆本身并不具有外延或者内涵的特征,如果加大财务杠杆强度获取的资金用于加大研发投入和提高管理效率,那么就属于内涵激进方式,如果加大财务杠杆强度获取的资金用于扩大生产规模,那么就属于外延激进方式。考虑到名称上的一致性,把单维度名称中的强度统一改为激进度(见图 2-1)。

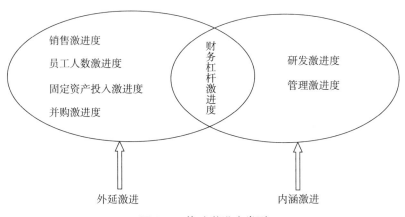

图 2-1 战略激进度类型

2.3 企业成长指标选取

由 2.1.2 的内容可知,企业成长的内涵随着社会、经济的发展而不断丰富,因而学术界对企业成长的衡量指标也是与时俱进的。就衡量方式来说,主要有单指标、多指标和构建指标体系三种方式。

2.3.1　单指标

Delmar 等（2003）认为，企业成长表现在很多个方面，在众多体现企业成长的指标中如果只能选择一个，那么销售额增长率最为合适。这一观点得到了很多学者的认同（方芳和蔡卫星，2016；余泳泽等，2020）。Shaker 等（2017）认为，企业成长应更加重视企业的可持续发展能力，而企业利润增长率就能够很好地度量企业可持续发展能力。Aidis（2005）认为，销售收入容易受到通货膨胀和汇率的影响，且转型经济国家中的企业存在低报销售收入的问题，因而仅从销售收入等销售角度来衡量企业成长存在缺陷，而企业员工人数能反映出企业组织的复杂程度，且在企业之间具有可比性，因而用员工人数的变化来衡量企业成长比用销售收入更具有合理性。这一观点得到了很多学者的支持（Delmar 等，2003；Audrestsch 和 Elston，2006；杜传忠和郭树龙，2012；吴先明等，2017）。王维等（2021）在研究企业家心理韧性和企业成长的关系时，认为总资产增长率能够避免通货膨胀和企业劳动生产率提高的影响，是全面反映企业成长的较好指标。倪克金和刘修岩（2021）认为，总资产增长率反映出了企业的规模扩张、收益状况和动态变化，能比较全面地体现企业成长。此外，随着我国股票市场的不断完善，近年来不少学者选取了托宾 Q 值作为衡量企业成长的指标（王京和罗福凯，2017；李旎等，2018）。托宾 Q 值属于市场指标，被定义为一项资产的市场价值与其重置价值之比。

2.3.2　多指标

储小平（2004）认为与企业成长过程相伴的通常有企业销售额和销售量的提高、盈利能力的增强和组织结构的完善。钱锡红等（2009）在衡量企业成长指标时，选择了平均销售增长率、平均净利润增长率和平均员工人数增长率三个指标。徐尚昆等（2020）在研究国有企业工作经历、企业家才能与企业成长的关系时，主要讨论了体现企业成长的销售额、净利润、员工数量、研发投入、产值等几个重要变量。

2.3.3　构建指标体系

2.3.3.1　指标体系

李新春等（2010）在研究新创企业的成长时，依据创业成长理论，选取了员工人数增长率、销售额和利润额三个指标，利用三个指标的主成分因子综合得到了企业成长指标。

2.3.3.2　分类指标

已有实证研究中，明确把企业成长分为外延成长（"量"的成长）和内涵成长（"质"的成长）分别进行研究的还较少。唐清泉和张芹秀（2008）研究了企业外延式和内涵式两种成长模式分别对企业绩效和企业优势的影响。笔者对企业外延式成长和内涵式成长分类的依据是企业是否发生了并购事件，把发生并购事件的企业归类为外延式成长模式企业，其余未发生并购的企业归类为内涵式成长模式的企业。吴磊（2015）依据企业财务报表，建立了企业成长指标体系，把企业成长分为"质"的成长和"量"的成长两个维度。"量"的成长由反映企业规模扩张能力的员工人数增长率、所有者权益增长率、固定资产增长率、总资产增长率、利润总额增长率和营业收入增长率六个指标构成，"质"的成长由反映企业盈利能力（销售净利率的增长率、息税前利润与资产总额比的增长率、资本保值率的增长率、总资产净利率的增长率以及净资产收益率的增长率五个指标组成）增长和运营水平（应收账款周转率的增长率、存货周转率的增长率、现金及其等价物周转率的增长率、固定资产周转率的增长率以及总资产周转率的增长率五个指标组成）提高的指标构成。张军和许庆瑞（2012）把企业成长分为财务绩效成长与创新绩效成长两个方面，其中，财务绩效分为销售份额增长率、营业利润、利润与销售比率、运营现金流、投资回报等维度，创新绩效提取新产品产值率、新产品数量、专利数量以及创新效率四个题项，用李克特 5 点量表进行测量。Aidis（2005）指出，企业投入变化（如员工人数增长或企业投资额增加等）或企业价值变化（市场价值、企业销售收入、企业利润等）都能从某方面某种程度上反映企业成长，但各指标存在优缺点。

根据本书2.1.2对企业成长的定义，认为企业成长不仅需要关注外延规模的扩大，还要考虑内涵素质的提高。夏婷等（2018）认为，我国股票市场整体波动幅度比较大，采用托宾Q值等市场指标不能很好地衡量上市公司的价值水平。同样地，本书认为中国股票市场仍然不够成熟，市场指标并不能很好地体现企业成长的真实状况。因此，本书选择财务指标来衡量企业成长。根据定义，从两个角度来对企业成长进行衡量（见表2-2）。

表2-2　企业成长指标体系

一级指标	二级指标	三级指标
企业成长	外延成长	营收成长（营业收入增长率）
		资产成长（总资产增长率）
	内涵成长	创新成长（专利申请数量加1取对数）
		利润成长（利润增长率）

一是外延成长角度，即"量"的角度。规模角度体现了企业外延成长的结果，选取营业收入增长率和总资产增长率来衡量，分别称为营收成长和资产成长。

二是内涵成长角度，即"质"的角度。内涵视角体现的是企业内涵成长的结果。企业的素质通常体现在技术和管理水平两个方面，最能反映技术水平的是企业拥有的专利数量，而企业的管理水平通常体现为利润率的高低。因此选取企业专利数量加1取对数和利润增长率分别来衡量技术水平和管理水平，分别称为创新成长和利润成长[1]。

然后，根据李新春等（2010）的做法，利用分别表示企业营收成长、资产成长、创新成长和利润成长四个变量的主成分因子综合成企业成长指标[2]，综合衡量企业成长状况。

---

[1] 创新成长没有按照增长率取值是因为企业专利数据是不连续的，这也是已有文献的通常做法。

[2] KMO检验值大于0.5，满足主成分分析条件。

2.4 产业竞争力评价指标体系构建和测算

本节基于产业竞争力层次观点,首先阐述了指标体系构建的原则;其次依据指标体系设置的原则和要求,从产业竞争力的现状和潜力两个层次对制造业产业竞争力评价指标体系进行了构建,设置了生产力、盈利力、市场影响力、资源配置力、创新力、增长力 6 个方面、14 个具体指标、3 个层级的制造业产业竞争力评价指标体系。

2.4.1 构建原则

指标体系是指由若干个反映社会经济现象总体特征的相对独立又相互联系的统计指标所组成的有机整体。指标体系的构建是进行预测或评价研究的前提和基础,它是将抽象的研究对象按照其本质属性和特征的某一方面的标识分解成为具有行为化、可操作化的结构,并对指标体系中每一构成元素(即指标)赋予权重的过程。构建制造业产业竞争力的评价指标体系是本书的核心内容之一,但由于评价指标繁多,不可能面面俱到,因此,应根据指标评价体系设计的一般准则进行科学规划和合理取舍。具体地,构建制造业产业竞争力评价指标体系应遵循以下原则。

2.4.1.1 系统性与简洁性相结合原则

评价指标体系是对现实世界的一种抽象和简化,如果追求面面俱到必然导致指标庞杂,就失去了简化认知的意义。所以在选取制造业产业竞争力的指标上,针对每一个评价维度,只选取最具典型性的能够表征所评价维度的一个或几个关键指标,对于非关键指标必须舍去。选取具体指标时,既要保证所有指标整体上能够涵盖制造业产业竞争力的全部内涵,又要注意到各指标之间的内在逻辑关系,避免相互矛盾,从而形成有机统一的整体,同时还要注重指标的简洁性。

2.4.1.2 方向性与目标一致性相结合原则

评价指标体系的设计始终要有利于评价目标，不能偏离评价目标，必须要把握国际竞争的大方向。评价指标由评价目标逐层分解得到，应该与评价目标相一致。具体来说，就是具体指标与维度指标之间、维度指标与总指标之间目标要协调一致，不能相互矛盾。

2.4.1.3 整体性与动态性相结合原则

评价指标体系的设置、权重在各指标间的分配必须满足整体性原则。具体来说，例如，1 个二级指标下设 3 个三级指标，那么这 3 个三级指标权重之和就应该恰好等于这 1 个二级指标的权重。同样地，所有二级指标的权重之和就应该恰好等于目标评价指标。此外，制造业产业竞争力处于不断变化中，其变化需要通过一定时间尺度才能反映出来。因此，指标的选择要充分考虑到动态性。

2.4.1.4 可量化、可操作、可比较原则

评价指标体系中最低层次指标必须可量化和可操作，尽量简单明了、易于收集，各指标应该要具有很强的现实可操作性和可比性。而且，选择指标时必须考虑能够定量处理，以便于进行数学计算、分析和比较。

2.4.2 指标体系构建

本部分首先梳理了已有文献中产业竞争力的指标选择；其次对本书构建指标体系的必要性进行了详细阐述；最后对本书构建的产业竞争力指标体系中所选择的指标进行了说明。

2.4.2.1 已有研究中产业竞争力指标选择

已有对产业竞争力的研究中，在衡量产业竞争力时，有两种方法，即单一指标或多个指标法和构建指标体系法。

（1）单一指标或多个指标法。

王玉等（2011）以 DEA 方法评价的投入产出效率来衡量产业竞争力；徐敏燕和左和平（2013）、罗良文和赵凡（2021）以工业总营业收入增长率代表地区产业竞争力；Low 和 Yeats（1992）、Sorsa（1994）认为市场占有率是

体现产业竞争力的重要指标；郭朝先和石博涵（2021）选取了贸易竞争力指数（TCI）、国际市场占有率（IMS）和显示性比较优势指数（RCA）三个指标来评估中国医药产业国际竞争力；余博和潘爱民（2021）基于贸易视角，选取贸易竞争力指数（TCI）、国际市场占有率（IMS）、显示性比较优势指数（RCA）和净出口显示性比较优势指数（NXRCA）来测度我国智能制造装备产业国际竞争力，其中显示性比较优势指数（RCA）是主指标；汪芳和夏湾（2019）、田晖和程倩（2020）选取产业利润率来衡量中国制造业竞争力；陈立敏和谭力文（2004）对 1996～2004 年发表在《经济研究》《管理世界》《经济管理》《中国工业经济》等国内重要权威或核心期刊的 12 篇论文及 2 本专著中关于中国制造业竞争力评价的研究报告进行内容分析后，把产业竞争力分为环境、生产率、市场份额和利润四个层次，分别对应着产业竞争力的来源、实质、表现和结果，认为反映产业利润的第四个层次即利润指标是最准确的评价指标，第二层次的生产率和第三层次的市场份额指标具有相对合理性，而第一层次的环境指标（通常采取的研发投入、专利数量、技术设施等）不是合适的产业竞争力评价指标。

（2）构建指标体系法。

有学者认为单一指标或多个指标衡量产业竞争力比较片面，认为构建指标体系，选取合适的指标并给各指标赋予权重是更全面和精确的方法。蔡礼彬和王琼（2012）基于 Poter 的"钻石模型"，从企业要素、生产要素、市场需求要素、相关生产要素和外部环境条件五个方面构建了山东省文化产业竞争力指标体系，用主成分分析法对选取的指标数据进行聚类分析和赋予权重；董晓辉（2011）受生物学中生物单元相对生态地位和相互作用的启发，把产业比作生命体，构建了基于区域产业竞争力的生态位模型，把产业竞争力分为生存力（包括基本生产力、产业盈利力和市场影响力）和发展力（包括资源配置力、产业创新力和产业增长力）两个部分，构建了由 2 个一级指标、6 个二级指标和 11 个三级指标构成的区域产业竞争力指标体系；金芳等（2020）认为由于所研究问题的导向不同，研究者选择的考察层次和研究视角差异较大，因而建立的指标体系也有所不同，笔者基于制造业新旧动能转换视角，从价值形成角度，构建了包含获利能力、生产能力、市场能力、成长能力和创新能力 5 个一级指标和 14 个二级指标构成的制造业产业竞争力评价指标体系，采用主成分分析法确定各级指标权重。

本书认为单指标法只能表现出产业竞争力的某一个方面，多指标法可以从多个方面对产业竞争力进行衡量，而构建指标体系法可以兼顾单指标法的重点性和多指标法的全面性，在根据理论基础构建完指标体系后，按照一定的方法对每个指标赋予权重，最终得到 1 个总指标。这个衡量产业竞争力的总指标虽然综合成 1 个值，但是其具有十分丰富的内涵，基础层的单个指标及其重要性在这个总指标中均得到了体现。具体到本书的产业竞争力的指标选择，因本书的主要研究目的是探寻企业战略激进度对产业竞争力的影响，如果选用单指标来度量产业竞争力就会比较片面，如果选用多指标不能达到本书的研究目的，因而本书选择构建指标体系的方法来度量产业竞争力。

2.4.2.2　本书产业竞争力评价体系的构建

我们可以从已有的产业竞争力指标体系构建中发现衡量产业竞争力的指标选取范围和规律。从理论来看，产业竞争力的指标体系构建主要是基于 Poter 的 "钻石模型"、比较优势理论、竞争优势理论和层次理论等，所选择的指标都是能够从理论上反映产业竞争力的指标。通过归纳可以发现，已有研究选用的基础指标不超出反映产业成本和效率（如劳动生产率、资本生产率等）、产业收入（如营业额等）、产业收益（如利润率、新产品产值、创新产出等）、产业投入（固定资产、研发投入、员工人数等）和市场占有率（显示性比较优势指数等）的范围，学者们构建产业竞争力指标体系时根据研究目标，依据构建的理论框架和思路，在具体基础指标池中选取指标进行排列组合，体现产业竞争力的不同维度或层次，从而构成符合各自理论逻辑和目标的产业竞争力指标体系。

2.1.3 部分把产业竞争力定义为 "一国产业在与他国同一产业进行国际竞争时表现出来（或具备）的较强的市场拓展能力"。本书对产业竞争力指标体系的构建要能够比较好地体现出定义包括的内涵。根据陈立敏和谭力文

（2004）、陈立敏等（2009）的层次理论，把产业竞争力分为现状和潜力两个层次，来构建反映产业竞争力的指标体系。现状反映了产业竞争力目前的市场能力，潜力反映的是产业竞争力潜在的尚未发挥出来的但未来会发挥出来的市场开拓能力。产业竞争力现状是先前一切世代生产力的累计与发展的呈现，现状不可改变，但是能够基于现有的生产力、盈利力和市场影响力，通过优化产业资源配置力、提高产业创新力和产业增长力，挖掘发展潜力，提高未来的产业竞争力。借鉴已有研究（董晓辉，2011；金芳等，2020），本书选取产业生产力、产业盈利力和市场影响力作为反映产业竞争力现状的二级指标，选取资源配置力、产业创新力和产业增长力作为反映产业竞争力潜力的二级指标。产业竞争力具有连续性和继承性，随着时代的发展，由产业生产力、产业盈利力和市场影响力反映的产业竞争力的现状和由资源配置力、产业创新力和产业增长力反映的产业竞争力的潜力一起反映出了产业竞争力的动态发展。借鉴已有研究（刘小铁，2004；董晓辉，2011），根据上述产业竞争力评价指标体系设置的基本原则，选取总就业人数、总产值和固定资产净值表示生产力，选取销售利润率表示盈利力，选取显示性比较优势指数（RCA）和产品质量水平表示市场影响力，选取劳动生产率、资产贡献率和全要素生产率表示资源配置力，选取专利申请数、新产品产值占总产值比重、非国有工业产值占工业总产值的比重和 R&D 人员数表示创新持续力，选取产值增长率表示增长持续力。于是，本书的制造业产业竞争力指标体系由 6 个二级指标、14 个三级指标构成。如表 2-3 所示。

表 2-3 制造业产业竞争力指标体系

一级指标	二级指标		三级指标
制造业产业竞争力	现状	生产力	总就业人数
			总产值
			固定资产净值
		盈利力	销售利润率
		市场影响力	显示性比较优势指数
			产品质量水平

续表

一级指标	二级指标		三级指标
制造业产业竞争力	潜力	资源配置力	劳动生产率
			资产贡献率
			全要素生产率
		创新持续力	专利申请数
			新产品产值占总产值比重
			R&D 人员
			非国有工业产值占工业总产值的比重
		增长持续力	产值增长率

体现制造业产业竞争力现状的是生产力、产业盈利力和市场影响力。

（1）生产力。

生产力反映出了我国制造业的规模现状。2018 年 10 月 22 日的《华尔街日报》强调，中国制造业固有优势依然非常大，其中最重要的是规模，其他两个优势是世界级的基础设施和有文化且仍然不贵的劳动力。

生产力是社会的生产能力，其基本要素是劳动者、劳动资料和劳动对象。此三个基本要素构成了现实产业生产力的前提。产业生产的过程即是产业工人运用劳动资料作用于劳动对象的过程。本书选取总就业人数指标体现劳动者，选取固定资产净值体现劳动资料，选取产业总产值体现劳动对象，即一定数量的劳动力作用于一定数量的劳动资料，生产出一定产值的劳动对象。

（2）产业盈利力。

产业盈利力是指产业获取利润的能力，通常表现为一定时期内产业获取经济效益的高低。如果一国某产业盈利能力强，销售额和利润水平高，在激烈的市场竞争中占据的主动权就更大。第一，能够更好地把产业做大做优做强；第二，有更大的实力巩固在国内和已进入国家的市场地位，同时开拓更大更多的国际市场；第三，能够采取更多的方式抵御和防范竞争对手采取的各种策略。而如果产业盈利能力低，在激烈的市场竞争中会处于被动和弱势地位。

（3）市场影响力。

产业市场影响力反映出某国某一产业的产品在国际市场上被接受的情况。

市场影响力是产业竞争力最现实的体现，是产业竞争力最重要的决定因素，对产业竞争力的大小具有决定性作用。产业市场影响力越高，其产品会是同类产品的标杆，在质量、功能、外观等方面都要优于同类产品，在国际市场中就会越受欢迎，从而会占据较大的市场份额。借鉴已有研究（董晓辉，2011），采用显示性竞争优势指数（RCA）和产业质量水平来表示产业市场影响力。

第一，显示性比较优势指数（RCA）。RCA 是衡量一国产品或产业在国际市场竞争力中最具有说服力的指标，它定量描述了一个国家内各个产业相对出口的表现。它能够直观地反映出一国的某产品或产业与世界上其他国家相比的竞争力优劣。通过 RCA 指数可以判定一国的哪些产品或产业更具出口竞争力，从而揭示出一国在国际贸易中的比较优势。RCA 指数最早由 Balassa 提出，计算公式为 $RCA_{ij} = (X_{ij}/X_{tj})/(X_{iw}/X_{tw})$。其中，$X_{ij}$ 表示国家 j 出口 i（行业）产品出口额，X_{tj} 表示国家 j 对应的总出口额，X_{iw} 表示世界出口 i（行业）产品出口额，X_{tw} 表示世界对应的总出口额。当 RCA>1 时，国家 j 出口 i（行业）产品出口额占国家 j 出口额的比重大于世界出口 i（行业）产品占世界总出口额的比重，说明国家 j 的 i（行业）产品在国际上具有显示性比较优势；当 0<RCA<1 时，说明国家 j 的 i（行业）产品在国际上不具备显示性比较优势。

已有研究计算 RCA 指数时的数据来源主要有三个，分别为各层级统计年鉴（王文普，2013）、联合国商品贸易统计数据库（UN Comtrade）（金碚等 2013；杜运苏，2014）和 WIOD 数据库（王三兴和董文静，2018；李晓丹和吴杨伟，2021）等。根据研究目的，借鉴已有研究，选择了联合国商品贸易统计数据库（UN Comtrade）作为计算 RCA 指数的数据库。联合国商品贸易统计数据库（UN Comtrade）是由联合国统计署创建的全球最大、最权威的国际商品贸易数据型资源数据库，每年超过 200 个国家和地区向联合国统计署提供其官方年度贸易数据，涵盖了全球 99% 的商品交易，真实反映了国际商品流动趋势。该库可追溯到 1962 年，具有海关编码（HS）和联合国国际贸易标准分类（SITC）两套分类方法。98% 以上的全球贸易总量货物以海关编码（HS）分类，其采用六位数编码，共把国际贸易商品分为 21 类，类下分97 章，章下再分为品目和子目。本书将 UN Comtrade 数据库中出口货物商品

（HS2007标准）按照六位数编码与《中国统计年鉴》中二位数工业行业重新集结①。计算结果如表2-4所示。

表2-4 中国制造业各细分行业出口产品显示性比较优势指数（RCA）值

行业 \ 年份	2011	2014	2017	2020
食品加工和制造业	0.44	0.37	0.40	0.33
饮料制造业	1.22	1.26	0.68	0.63
纺织业	2.42	2.30	2.31	2.62
服装及其他纤维制品制造业	2.94	2.77	2.31	1.84
皮革毛皮羽绒及其制品业	2.82	2.51	2.21	1.77
木材加工及竹藤棕草制品业	1.29	1.26	1.10	0.95
家具制造业	2.45	2.34	2.14	2.08
造纸及纸制品业	0.48	0.60	0.60	0.64
印刷和记录媒介复制业	0.64	0.66	0.67	0.63
文教体育用品制造业	3.13	2.95	3.25	3.36
石油加工及炼焦业	0.21	0.20	0.28	0.32
化学原料及化学制品制造业	0.49	0.47	0.48	0.49
医药制造业	0.65	0.55	0.66	0.55
化学纤维制造业	1.14	0.95	1.19	0.92
橡胶和塑料制品业	1.07	1.16	1.12	1.17
非金属矿物制品业	1.49	1.55	1.55	1.53
黑色金属冶炼及延压加工业	0.87	1.10	0.93	0.79
有色金属冶炼及延压加工业	0.65	0.65	0.53	0.51
金属制品业	1.30	1.32	1.26	1.39
普通机械制造业	0.85	0.86	0.89	0.93
专用设备制造业	0.60	0.64	0.69	0.78
交通运输设备制造业	0.46	0.47	0.46	0.50
电气机械及器材制造业	1.31	1.46	1.38	1.47
电子及通信设备制造业	2.55	2.00	2.11	1.99
仪器仪表制造业	1.42	1.31	1.37	1.13

资料来源：笔者根据 UN Comtrade 数据库（2011~2020年）计算得到。

---

① 本书把《中国统计年鉴》中的农副食品加工业和食品制造业合并为食品加工和制造业，把橡胶制品业和塑料制品业合并为橡胶和塑料制品业，把汽车制造业和铁路、船舶、航空航天和其他运输设备制造业合并为交通运输设备制造业，烟草制品业在沪深A股市场没有对应的上市公司，最后得到25个行业。

某国某行业 RCA 值为 1 说明该国该行业在国际上的显示性比较优势是中性的，我们首先重点关注一下 RCA 值在 1 附近发生变化的行业。2011~2020年，制造业行业 RCA 值从大于 1 变为小于 1 共有三个，分别是饮料制造业、木材加工及竹藤棕草制品业和化学纤维制造业，说明这三个行业在国际上呈现出失去显示性比较优势的趋势。其次我们来看一下 2011~2020 年 RCA 值远大于 2 的行业，某国某行业 RCA 值远大于 1 说明该国该行业在国际上具有较大的显示性比较优势，一共有五个，分别为纺织业、服装及其他纤维制品制造业、皮革毛皮羽绒及其制品业、家具制造业和文教体育用品制造业，这也是我国传统上的优势行业。最后我们来看一下 RCA 值远小于 1 的行业，某国某行业 RCA 值远小于 1 说明该国该行业在国际上具有较大的显示性比较劣势。2011~2020 年 RCA 值小于 0.5 的行业一共有三个，分别为石油加工及炼焦业、化学原料及化学制品制造业和交通运输设备制造业，这也是我国产业结构升级调整的重点行业，科技含量和技术水平迫切需要提高。2011~2020年，我国制造业还没有出现 RCA 值从小于 1 提高到大于 1 的行业，说明我国制造业高质量发展之路非常艰难。

第二，质量水平。质量已成为经济发展的关键因素，是衡量经济发展好坏的指标之一，为经济发展提供持续保证[1]。质量管理理论认为质量分析离不开"固有特性""满足需求""消费者满意"这三大核心要素。高质量产品是具有一个或者多个特性的且对消费者具有效用的产品。正是因为产品的特性能够给人们带来效用，才能激发人们的购买欲。它们可以是直接具体的，如尺寸、容量、速度、耐用程度等；也可以是间接无形的，如商誉、可靠性、信任感等。提高产品质量的方式非常多，如使用更好的原材料和更高精密度的机器、采用更先进的工艺流程、提高产品的科学技术含量等。

产品间的质量竞争是社会进步和经济发展的结果。一般来说，同类产品价格越高代表着质量越好。随着人们生活和收入水平的提高，会对产品质量

---

① 习近平总书记在党的十九大报告中指出，我国经济已由高速增长阶段转向高质量发展阶段，正处在转变发展方式、优化经济结构、转换增长动力的攻关期，建设现代化经济体系是跨越关口的迫切要求和我国发展的战略目标。必须坚持质量第一、效益优先，以供给侧结构性改革为主线，推动经济发展质量变革、效率变革、动力变革，提高全要素生产率……不断增强我国经济创新力和竞争力。

提出更高的需求，人们愿意为高质量的产品付出高价格。产品不会因为质量高价格高而失去市场，反而是那些价格虽然低但是劣质的产品会被市场淘汰。现实中，我国制造业产品依靠低价格抢占国际国内市场的战略已经因不能满足市场需求而行不通了，必须将产品战略转移到提高产品的科技含量，提高产品质量上来。李有（2015）使用我国 2001~2013 年制造业进出口贸易数据实证发现出口产品质量的提高能够显著促进我国出口产品的国际竞争力。

本书选取制造业质量发展水平来反映我国制造业质量竞争力的整体水平。目前有关制造业质量的研究主要分为以下几种：一是国家质检总局和国家统计局从 2005 年开始颁布的全国制造业质量竞争力指数，包括全国层面、各区域层面和各行业层面的质量指数，这个数据最权威且全面，但遗憾的是这一指数自 2015 年后没有继续颁布；二是国家统计局于 2017 年开始在《国民经济和社会发展统计公报》中公布的全年制造业产品质量合格率数据，这一数据能够很好地反映出制造业质量水平，但遗憾的是只有全国层面的数据；三是学者们根据研究目的自己计算出来的质量数据。Hallak 和 Schott（2011）开创了产品出口质量的测度方法，以对国家间产品质量竞争力进行比较；马中东和宁朝山（2020）从研发设计、生产制造、品牌营销三个维度构建了制造业质量指标体系，并运用熵权法进行赋值，对制造业质量进行了全国层面和区域层面的考察；程虹和陈川（2015）依据波特"钻石模型"，构建了质量竞争力模型和指标体系；汪建等（2015）也验证了这一做法的合理性和有效性。出口货物总值与当年出口货物总量数据来源于 UN Comtrade 数据库，与 RCA 的计算一样，本书将 UN Comtrade 数据库中出口货物商品（HS2007标准）按照六位数编码与《中国统计年鉴》中二位数工业行业重新集结。本书中国制造业各细分行业质量发展水平的计算结果如表 2-5 所示。

表 2-5　中国制造业各细分行业质量发展水平

年份 行业	2011	2014	2018	2020
食品加工和制造业	2.26	2.66	2.52	2.59
饮料制造业	4.86	7.31	9.21	12.37

续表

年份 行业	2011	2014	2018	2020
纺织业	8.98	13.71	8.45	5.15
服装及其他纤维制品制造业	20.23	52.01	21.90	9.45
皮革毛皮羽绒及其制品业	16.25	21.76	19.07	23.39
木材加工及竹藤棕草制品业	1.60	1.85	1.86	2.05
家具制造业	3.59	7.02	4.06	34.76
造纸及纸制品业	1.95	2.31	2.24	2.82
印刷和记录媒介复制业	3.56	4.13	4.82	4.46
文教体育用品制造业	5.62	10.85	7.52	7.86
石油加工及炼焦业	0.36	0.38	0.29	1.04
化学原料及化学制品制造业	6.70	12.79	6.19	4.20
医药制造业	4130.96	3835.26	1974.13	2430.57
化学纤维制造业	3.91	4.50	4.08	3.97
橡胶和塑料制品业	3.00	3.78	3.35	3.68
非金属矿物制品业	1.84	2.02	2.27	2.31
黑色金属冶炼及延压加工业	2.08	1.94	2.12	1.81
有色金属冶炼及延压加工业	30.60	19.90	22.50	18.94
金属制品业	11.92	12.14	12.27	11.57
普通机械制造业	7.32	12.39	8.00	14.90
专用设备制造业	23.14	42.04	23.33	101.32
交通运输设备制造业	28.31	28.97	27.12	32.73
电气机械及器材制造业	13.27	21.60	14.57	26.64
电子及通信设备制造业	28.27	32.21	29.10	20.50
仪器仪表制造业	72.39	116.60	101.02	136.03

资料来源：笔者根据 UN Comtrade 数据库（2011~2020 年）计算得到。

由表 2-5 可知，2011~2020 年，饮料制造业、家具制造业、石油加工及炼焦业、普通机械制造业、专用设备制造业、电气机械及器材制造业和仪器仪表制造业质量水平提高得比较快，呈上升趋势；服装及其他纤维制品制造业、化学原料及化学制品制造业、医药制造业、有色金属冶炼及延压加工业和电子及通信设备制造业质量水平呈现出下降趋势；食品加工和制造业、木材加工及竹藤棕草制品业、造纸及纸制品业、橡胶和塑料制品业、金属制品业等质量水平比较稳定。

体现制造业产业竞争力潜力的是资源配置力、产业创新力和产业增长力。

（4）资源配置力。

产业资源配置力是指根据产业需求，组织物质资料、设备、资本、劳动力等生产要素，在各种不同用途上加以比较，把资源放到能发挥最大效益的地方，以取得最大经济效益的能力。通常资源配置能力越高的产业，产业竞争力越强，表现为同样的要素投入，能得到更多的产出，或者同样的产出，只需要更少的要素投入。

本书选取劳动生产率、资产贡献率和全要素生产率三个指标反映资源配置力。劳动生产率是产业人力要素投入效率的直接表现，反映了产业劳动投入的经济效益；资产贡献率是产业管理水平和资产经营效率的集中体现，反映了产业全部资产要素的获利能力，是评价产业资产绩效的核心指标；全要素生产率反映了产业生产技术水平的高低。不同国家同一产业投入数量和质量相同的劳动、资本等生产要素，产出量却不相同，原因就在于全要素生产率不同，技术的进步和生产要素的优化配置都能够促进全要素生产率的提高。

（5）产业创新力。

我国制造业能够成为"世界工厂"的前提条件是当时条件下我国存在大量低成本的劳动力。而随着经济的发展，低技术劳动力等生产要素的供给不足，依靠低成本劳动要素驱动经济发展的动力正在减弱。创新不仅包括科技、研发等技术创新，还体现在人才、制度、产业供给结构等方面。党的十九大报告指出，人才是实现民族振兴、赢得国际竞争主动的战略资源。制度创新决定着新动能的释放，更适应市场经济的制度能够更好地发挥市场经济的作用。更高级的产业供给结构能够与消费结构更加匹配，促进产业竞争力的提高。已有很多研究表明，创新对产业竞争力的提高具有显著的正向促进作用（孙冰和林婷婷，2012；曲如晓和臧睿，2019）。

本书选取专利申请数、R&D人数、新产品产值占总产值比重、非国有企业产值占工业总产值比重来表示产业持续创新力。其中，专利申请数、R&D人数反映了产业的发展潜力。新产品产值占总产值比重反映了产业创新成果。

非国有企业产值占工业总产值比重反映了产业发展的制度创新环境。

（6）产业增长力。

产业的增长有一种惯性作用。王潼（2010）认为，社会经济运动与自然界中运动的物体一样具有惯性，牛顿第二定律可以用来描述和解释社会经济运动的惯性。本书选取产业的产值增长率来表示产业增长力。如果产业以往均保持较高的产值增长率，在经济惯性的作用下，该产业在未来仍然可能保持较高的产值增长率。因而，产业增长力以惯性方式体现了产业竞争力的潜力。

2.4.3　指标测算

指标体系构建完成后，接下来最关键的步骤是选择科学的评价方法确定各指标的权重，然后依据各指标的权重，计算出综合得分。

2.4.3.1　指标权重确定方法的选择

目前，较成熟的指标权重确定方法主要有三种：第一种是主观赋权法，如层次分析法（AHP）、专家调查法（Delphi）、环比评分法、二项系数法、最小平方方法等；第二种是客观赋权法，如主成分分析法、熵值法、离差及均方差法、多目标规划法等；第三种是组合赋权法，如"加法"集成法、"乘法"集成法等。这三种方法各有优缺点。主观赋权法主要依靠专家的经验和判断，主观随意性过强；客观赋权法依据客观的指标数据之间的关系来确定指标权重，数学理论依据强，但据此确定的权重可能存在与实际情况不一致的可能；组合赋权法同时考虑到了主观性和客观性。在选择权重确定方法时应适应评价对象和评价任务的要求，根据掌握的资料状况，选择科学的方法。

2.4.2部分已经构建了制造业产业竞争力评价指标体系，由 6 个二级指标和 14 个三级指标组成。其中，每一个三级指标都体现了产业竞争力这一综合指标的某些信息，根据包含的信息量的不同对综合指标而言重要性不同。实际上，各指标之间通常具有一定的相关关系，可以采用科学的方法根据指标之间的相关性实现对指标进行简化的同时保留大部分重要信息，达到用更少的指标来反映原始指标提供的大部分信息的目标，以减少指标冗余程度。这是一种降维的方法，较常用到的降维方法是主成分分析法。主成分分析法是一种客观的降维方法，通过对各主成分进行客观赋权，从而将众多的指标浓缩为少量包含关键信息的指标，从而简化问题。因本书的样本数据是多年的，需要对不同时点上的同一样本进行评价，因此引入全局主成分分析法（GPCA）对指标体系中各指标进行处理。以下对全局主成分分析法（GPCA）这一客观赋权法进行介绍。

2.4.3.2 全局主成分分析法（GPCA）

时序立体数据表 $M = \{X^t = O^{n \times p}, t = 1, 2, \cdots, T\}$ 是一系列按照时间排列的二维数据表，数据表中的样本点和变量名称完全相同。时间立体数据表与普通平面数据表的主要不同之处在于时间立体数据表融入了时序，能够分析面板数据，反映出样本对象的变化轨迹和动态特征。对时序立体数据表进行主成分分析，就是要寻找到一简化子空间，提取出时序立体数据表中数据的主成分公共因子，这个公共因子中就包含了时序立体数据表中的大部分关键信息。全局主成分分析法的工作步骤如下：

第一，假设一共有 n 个城市，有相同的 p 个指标，用 $x_1, \cdots, x_p$ 来描述每年的数据表，第 t 年的数据表用 $x^t = (x_{ij})_{n \times p}$ 表示，其中 n 为样本点数量，p 为变量数量，每年生成一张数据表，T 年一共生成 T 张数据表。按时间顺序将 T 张数据表排列成一个 nT×p 矩阵，这个矩阵就被定义为全局数据表，记为 $X = (x_{ij})_{nT \times p}$。矩阵中每一行为一个样本，一共有 nT 个样本。接下来，用经典的主成分分析法对全局数据表进行分析。

第二，对全局数据表 X 中的数据进行标准化处理。

$$x'_{ij} = \frac{x_{ij} - \bar{x}_j}{s_j}, \; i = 1, \cdots, nT; \; j = 1, \cdots, p。其中 \bar{x}_j = \frac{1}{n} \sum_{i=1}^{nT} x_{ij}; \; s_j^2 =$$

$$\frac{1}{n} \sum_{i=1}^{nT} (x_{ij} - \bar{x}_j)^2。数据表 X 标准化后记为 \tilde{X}。$$

第三，计算 X′的协方差矩阵 R，把 R 称作全局协方差矩阵；因为 $\tilde{X}$ 已经标准化，所以 R 是 $\tilde{X}$ 的相关系数矩阵，并且是正定矩阵。

第四，求协方差矩阵 R 的特征值，按大小排列为 $\lambda_1, \cdots, \lambda_p$，以及对应的特征向量 $u_1, \cdots, u_p$，特征向量之间标准正交，称作全局主轴，记为

$u = (u_1, \cdots, u_p)$，$uu' = u'u = I$，由此可以计算出各个主成分。把第 k 个主成分记作 $F_k = Xu_k$，并计算主成分 F_k 的方差贡献率为 $a_k = \lambda_i (a_1 + \cdots + a_m) / \sum\limits_{i=1}^{p} \lambda_i$。选出前 m 个最大的特征值对应的主成分使得累计方差贡献率不小于 85%。

第五，计算 X_i 和 F_j 的相关系数 r_{ij}，得到相关系数矩阵 $A = (r_{ij})$，即因子载荷矩阵。r_{ij} 表示第 i 个变量 X_i 在第 j 个公共因子 F_j 上的负荷，由此可解释主成分 F_j 主要包含了哪些变量的信息，主成分 F_j 即为一个公共因子。

第六，计算公因子得分。采用回归法得到因子得分函数为 $F_j = \beta_{j1} X_1 + \cdots + \beta_{jp} X_p$，$j = 1, \cdots, m$。接着计算出每一个样本在选取前的 m 个公共因子上的得分。

第七，结合主成分的贡献率 a_k，得到综合得分函数为 $F = a_1 F_1 + \cdots + a_m F_m$。据此便得到了各样本的综合得分。

2.4.3.3　我国制造业各行业竞争力评价得分测算

制造业竞争力中各行业的选择根据各年《中国统计年鉴》中的行业统计标准，与前文 RCA 和产业质量水平的计算一致，一共 25 个行业的数据。此外，计算产业竞争力综合指标涉及的数据库还有《中国科技统计年鉴》、联合国商品贸易统计（UN Comtrade）数据库。为确保数据和权重赋值的准确性，根据通常的做法，本书对少数几个缺失的数据，通过线性回归拟合法或趋势外推法计算获得。为消除指标间度量单位和量级的影响，本书对数据进行了标准化处理。

首先，为考察制造业各产业竞争力评价指标之间是否存在一定的线性关系以及是否适合采用主成分分析法，选取 KMO 检验和 Bartlet 的球形度检验方法进行分析，具体结果如表 2-6 所示。

表 2-6　KMO 和 Bartlett 的球形度检验

KMO 度量		0.675
Bartlett 的球形度检验	近似卡方	3782.74
	df（自由度）	91
	Sig.（显著性）	0.000

由表 2-6 可知，Bartlett 球形度检验统计量为 3782.74，对应的概率 p 值接近 0，拒绝了各变量相互独立的原假设。KMO 检验值为 0.675，大于 0.5，表明样本之间具有一定相关性，或者说各指标包含有较多共同因素，样本数据使用全局主成分分析法进行研究是合适的。

其次，应用统计软件（SPASS 24.0）对我国制造业产业竞争力评价指标数据进行因子分析运算，结果如表 2-7 所示。

表 2-7 因素特征值及累积贡献比例值   单位:%

成分	特征根		
	特征根值	贡献率	累计方差贡献率
1	5.572	39.798	39.798
2	2.491	17.791	57.589
3	1.726	12.328	69.917
4	1.218	8.702	78.619
5	1.035	7.396	86.015
6	0.709	5.064	91.080
7	0.452	3.229	94.308
8	0.262	1.875	96.183
9	0.161	1.148	97.331
10	0.148	1.059	98.390
11	0.094	0.669	99.059
12	0.091	0.647	99.706
13	0.029	0.209	99.915
14	0.012	0.085	100.000

由表 2-7 可知，特征值大于 1 的前 5 个主成分的累计方差贡献率达 86.015%，即这 5 个主要因素能解释的变异量已达 86.015%，由此可知，这 5 个主成分信息已经包含了原来 14 个指标的绝大部分信息[1]，选择这 5 个主因素能够很好地代表和反映制造业产业竞争力的综合水平。

---

① KMO 检验值大于 0.5，满足主成分分析条件。

表 2-8 报告了按照最大公差法旋转后的成分矩阵及因子提取情况，反映了 5 个公因子对各个原始指标的解释程度。成分矩阵是确定每一个主成分具体指标构成的依据。从表 2-8 中的计算结果可以看出，第一公共因子在就业人数、主营业务收入、利润、总资产、研发人员和专利 6 个指标上负荷较大，分别为 0.942、0.908、0.899、0.865、0.859 和 0.811，主要包括了反映生产力、盈利力和创新力方面的指标，其旋转后的方差贡献率达到总数的 39.798%；第二公共因子在劳动生产率、国有资产占比和 RCA 上有较大负荷，分别为 0.915、0.909 和 -0.751，主要包括了反映资源配置力和市场影响力方面的指标，其旋转后的方差贡献率达到总数的 17.791%；第三公共因子在资产贡献率和新产品产值占比上有较大负荷，分别为 0.879 和 0.750，主要包括了在资源配置力和创新持续力方面的指标，其旋转后的方差贡献率达到总数的 12.328%；第四公共因子在质量水平和产值增长率上有较大负荷，分别为 0.877 和 0.556，反映了市场影响力和增长持续力方面的指标，其旋转后的方差贡献率达到总数的 8.702%；第五公共因子在 TFP 上有较大负荷，为 0.948，反映了资源配置力方面的指标，其旋转后的方差贡献率达到总数的 7.396%。

表 2-8　旋转后的成分矩阵

指标	主成分				
	F1	F2	F3	F4	F5
就业人数（X1）	0.942	-0.198	-0.069	-0.049	-0.001
主营业务收入（X2）	0.908	0.355	-0.032	-0.063	0.005
利润（X3）	0.899	0.117	0.097	0.110	-0.129
总资产（X4）	0.865	0.307	0.236	-0.074	0.071
研发人员（X5）	0.859	0.004	0.458	0.084	-0.042
专利（X6）	0.811	-0.183	0.470	-0.004	-0.070
劳动生产率（X7）	0.024	0.915	-0.069	-0.105	0.181
国有资产占比（X8）	0.140	0.909	0.016	-0.032	0.045
RCA（X9）	-0.017	-0.751	-0.304	-0.195	0.223

续表

指标	主成分				
	F1	F2	F3	F4	F5
资产贡献率（X10）	-0.127	-0.221	-0.879	-0.099	0.043
新产品产值占比（X11）	0.408	-0.051	0.750	0.064	0.088
质量水平（X12）	-0.041	-0.006	0.199	0.877	0.169
产值增长率（X13）	0.089	0.004	-0.497	0.556	-0.348
TFP（X14）	-0.055	0.055	0.034	0.080	0.948

资料来源：笔者计算得到。

归一化处理得到各主成分在制造业产业竞争力这一综合评价指标体系中的权重向量为 W = [0.4627 0.2068 0.1433 0.1012 0.086]。因而评价制造业产业竞争力的综合指标可表示为 F = 0.4627F1 + 0.2068F2 + 0.1433F3 + 0.1012F4+0.086F5。

根据上式可以计算出我国制造业产业竞争力的综合得分，如表 2-9 所示。

表 2-9　中国制造业各产业的竞争力评价得分

行业	2011 年		2014 年		2017 年		2020 年		综合	
	得分	排名	得分	排名	得分	排名	得分	排名	平均	排名
食品加工和制造业	-0.91	24	-0.65	22	-0.80	25	-0.52	21	-0.67	23
饮料制造业	-0.46	17	-0.43	18	-0.36	17	-0.21	16	-0.35	16
纺织业	0.38	5	0.59	3	0.57	5	0.66	5	0.55	5
服装及其他纤维制品制造业	0.57	2	0.49	5	0.56	6	0.78	3	0.57	3
皮革毛皮羽绒及其制品业	0.56	3	0.35	6	0.65	3	0.63	6	0.52	6
木材加工及竹藤棕草制品业	0.11	8	0.34	7	0.30	9	0.45	9	0.32	8
家具制造业	0.11	9	0.12	12	0.32	8	0.39	12	0.26	9
造纸及纸制品业	-0.47	18	-0.45	19	-0.38	18	-0.35	19	-0.43	19
印刷和记录媒介复制业	-0.72	21	-0.76	24	-0.62	22	-0.57	23	-0.67	24
文教体育用品制造业	0.76	1	1.01	1	1.21	1	1.19	2	1.05	1
石油加工及炼焦业	-0.98	25	-0.89	25	-0.66	24	-0.62	24	-0.80	25

续表

行业	2011 年		2014 年		2017 年		2020 年		综合	
	得分	排名	得分	排名	得分	排名	得分	排名	平均	排名
化学原料及化学制品制造业	-0.88	23	-0.68	23	-0.65	23	-0.56	22	-0.67	22
医药制造业	-0.61	20	-0.42	17	-0.47	19	-0.29	18	-0.40	18
化学纤维制造业	-0.3	15	-0.17	14	-0.14	15	0.00	15	-0.15	15
橡胶和塑料制品业	-0.55	19	-0.62	21	-0.59	21	-0.41	20	-0.56	20
非金属矿物制品业	0.05	12	0.24	9	0.22	11	0.47	7	0.22	10
黑色金属冶炼及延压加工业	0.06	11	-0.18	15	-0.07	14	0.00	14	-0.05	14
有色金属冶炼及延压加工业	0.03	13	0.16	10	0.25	10	0.42	10	0.21	11
金属制品业	0.09	10	0.16	11	0.20	12	0.42	11	0.20	12
普通机械制造业	-0.38	16	-0.32	16	-0.32	16	-0.27	17	-0.37	17
专用设备制造业	-0.17	14	-0.02	13	-0.05	13	0.22	13	-0.01	13
交通运输设备制造业	-0.77	22	-0.54	20	-0.56	20	-0.62	25	-0.60	21
电气机械及器材制造业	0.33	7	0.53	4	0.63	4	0.78	4	0.56	4
电子及通信设备制造业	0.55	4	0.80	2	1.03	2	1.58	1	0.97	2
仪器仪表制造业	0.33	6	0.29	8	0.37	7	0.47	8	0.33	7
平均	-0.13		-0.05		0.03		0.16		0.01	

资料来源：笔者计算得到。

2011~2020 年，从行业排名结果来看，各行业的竞争力排名变化不大，没有出现剧烈变化的情况，说明我国保持着良好的经济发展环境。文教体育用品制造业一直排在前两位，产业竞争力排在头部的行业还有电子及通信设备制造业、服装及其他纤维制品制造业、纺织业、皮革毛皮羽绒及其制品业。其中，服装及其他纤维制品制造业、纺织业、皮革毛皮羽绒及其制品业是我国传统的制造业优势产业，依然保持着较强的竞争力，电子及通信设备制造业是我国重点发展的高技术产业，10 年间行业排名从第 4 位上升到第 1 位，说明我国高技术制造业竞争力发展势头良好。而食品加工和制造业、交通运输设备制造业、石油加工及炼焦业、化学原料及化学制品制造业等行业的排名都比较靠后，说明这几个行业与其他行业相比，产业竞争力较弱，这和行业特点相关。

图 2-2 是 2011~2020 年我国制造业产业竞争力平均得分趋势。从时间维度来看，2011~2020 年我国制造业产业综合竞争力总体呈现抬升趋势。经过 10 年的发展，我国制造业产业综合竞争力有所提高。从综合竞争力指数看，25 个行业各年的产业竞争力综合指数的平均得分呈稳步提升的态势，从 2011 年的-0.13 提高到了 2020 年的 0.16，10 年平均得分为 0.01。从行业间竞争力的差距来看，得分最高的行业和得分最低的行业差距有扩大的趋势，从 2011 年的 1.74 扩大到了 2020 年的 2.20。具体来看，行业最低得分和最高得分均在稳步上升，说明我国制造业产业竞争力正在逐步增强，而且最高得分上升比最低得分上升多了 0.46，反映出制造业产业结构升级趋势。

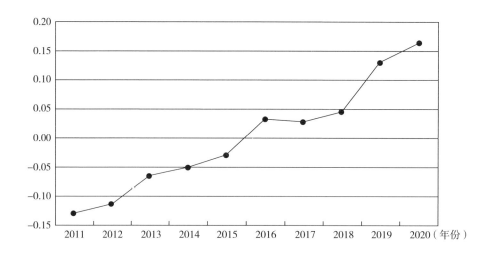

图 2-2　2011~2020 年我国制造业产业竞争力平均得分趋势

2.5　本章小结

本章主要对战略激进度、企业成长和产业竞争力等关键概念进行了界定，并说明了战略激进度、企业成长和产业竞争力指标选取的原因和方法，并对产业竞争力指标进行了测算。

2.5.1　战略激进度

从投入角度，选取了研发激进度、管理激进度、财务杠杆激进度、销售激进度、员工人数激进度、固定资产投入激进度和并购激进度七个维度从不同方面体现企业战略的激进程度。其中，外延激进度包括销售投入激进度、员工人数激进度、固定资产投入激进度和并购激进度，内涵激进度包括研发投入激进度和管理激进度。指标值用过去五年的滚动平均值来衡量。

2.5.2　企业成长方面

根据本书的定义，把企业成长分为外延成长和内涵成长两种方式，分别表示企业在"量"和"质"方面的成长。外延成长又分为营收成长和资产成长，分别选取企业营业收入增长率和企业总资产增长率表示；内涵成长又分为创新成长和利润成长，分别用企业专利申请数量加 1 取对数和企业利润增长率表示。

2.5.3　产业竞争力方面

根据本书的定义，构建了制造业产业竞争力评价指标体系，设置了由现状和潜力 2 个层次、6 个二级指标、14 个三级指标构成的 3 个层级的评价指标体系。接着，对各指标的数据运用统计软件 SPSS 进行全局主成分分析（GPCA），确定各指标的权重，从而得到产业竞争力的综合得分。

第3章 企业成长和产业竞争力的现实考察

3.1 中国制造业企业的现实考察

企业作为一种古老的组织形式，可以追溯到公元前 2 世纪罗马出现的专门负责收税的公会，被中国引入是始于 19 世纪 60 年代以"师夷长技以制夷"为直接目的的洋务运动。洋务运动引进了西方的先进科学技术，使中国出现了第一批近代企业。1872 年，爱国华侨、民族企业家陈启沅创办了我国第一家民族资本经营的机器缫丝厂——继昌隆缫丝厂。同年，清廷批准李鸿章成立轮船招商局（现招商局集团的前身）的奏折，意味着中国第一家股份公司成立。之后，开平矿务局、电报局、上海机器织布局等企业相继建立。新中国成立后，通过对农业、手工业和资本主义工商业的社会主义大改造，建立了以公有制为主体的社会主义经济体制，全民所有的国有企业和集体企业成为我国企业的主要组织形式。改革开放以后，近代股份制企业开始在我国出现，国有企业的股份制改制也逐步推进。

3.1.1　中国制造业企业的发展历程

改革开放以来，中国制造业企业发展变化经历了农村能人草创时期、工厂管理启蒙时期、品牌营销的狂飙时期、资本外延扩张时期、企业内涵发展时期五个阶段①，与这五个阶段相适应，企业战略也体现出不同的特征。

第一阶段为农村能人草创时期（1978～1983 年）。这一阶段的改革是从农村发动的，以"包田到户"承包制为突破口，解放了农民的劳动生产积极性；这一阶段的开放，是试图以特区和沿海城市搞活的方式，对外引进国际资本，实现制造业的进口替代。

第二阶段为工厂管理启蒙时期（1984～1991 年）。这一时期我国处于短缺经济阶段，商品供不应求。与之相适应，中国制造业企业发展呈现出两个显著特征。一是大量从国外引进生产线以快速扩大产能；二是民营企业的成功集中于衣、食、用三大领域。企业战略重点在于快速扩大规模。

第三阶段为品牌营销的狂飙时期（1992～1997 年）。1992 年邓小平南方谈话后，国务院修改和废止了 400 多份约束经商的文件，大批的官员和知识分子投身私营工商界。据当时人事部统计，1992 年，辞官下海人数达 12 万，不辞官但投身商海的人数超过 1000 万人②，中国真正进入"发展才是硬道理"时代。这一时期民族品牌大规模崛起（如 PC 领域的联想、长城、方正、同方，电器领域的海尔、美菱、美的、格力，食品加工领域的双汇）。这一时期，我国处于短缺经济向过剩经济转化阶段，市场竞争逐渐加剧，企业的战略重点随之从扩大产能向广告营销和治理能力迭代。

第四阶段为资本外延扩张时期（1998～2008 年）。1998 年亚洲金融危机之后，中国制造业产品发生了由内需主导向外贸主导的战略性转变，依靠成本和规模优势的"中国制造"迎来黄金十年。也正是在这一时期，中国成为"世界工厂"。这一时期，企业的战略重点在于吸收引进国外的技术。

---

① 吴晓波.激荡四十年［M］.北京：中信出版社，2017.
② 佚名.1992 年干部下海［EB/OL］.（2009-11-30）［2020-06-26］.http://news.sohu.com/20091130/n268572414.shtml.

第五阶段为企业内涵发展时期（2009 年至今）。2008 年国际金融危机之后，中国制造业产品又发生了由外贸主导向内需主导的战略性转变，依靠成本和规模优势的"中国制造"难以继续，党中央提出了促进制造业转型升级、结构调整、自主创新的政策。这一时期，企业的战略重点转向自主研发和创新。

3.1.2 中国制造业企业的规模发展演进

3.1.2.1 中国制造业企业规模划分标准的演变

自新中国成立至今，我国的制造业企业规模划分标准共经历了七次标准修订。

第一次是在新中国成立初期，在参考和借鉴苏联有关企业经营管理先进经验的基础上，主要以企业职工人数作为划分大中小企业规模的标准。具体来说，职工人数在 3000 人及以上的归为大型企业，500 人及以上至 3000 人以下的归为中型企业，500 人以下的归为小型企业。

第二次是在 1962 年，把划分企业规模的标准从企业职工人数改为企业的固定资产价值。

第三次是在 1978 年，把划分企业规模的标准从企业固定资产价值改为企业综合生产能力。

第四次是在 1988 年，重新发布了《大中小型工业企业划分标准》（以下简称《标准》）。这是新中国成立以来第一次明确出台的划分大中小企业类型标准的文件。《标准》将企业规模划分为四大类型六个档次，即特大型、大型（大型一档、大型二档）、中型（中型一档、中型二档）和小型。并规定，凡产品单一的行业，能以产品生产能力划分的按查定生产能力或设计生产能力划分；凡产品品种繁多，难以按产品生产能力划分的以固定资产原值作为划分标准。

第五次是在 2003 年，为了落实贯彻《中华人民共和国中小企业促进法》，颁布了《中小企业标准暂行规定》（以下简称《规定》），该《规定》主要是根据企业的职工人数、销售额和资产总额，同时结合行业特点，划分中小企业的规模。具体地，中小企业必须符合职工人数在 2000 人以下或者销

售额在 3 亿元以下或者资产总额在 4 亿元以下的标准。其中，职工人数在 300
人及以上 2000 人以下且销售额在 3000 万元以上 3 亿元以下且资产总额在
4000 万元以上 4 亿元以下的为中型企业，其余为小型企业。

第六次是在 2011 年，工信部、国家统计局、发展改革委、财政部联合颁
布并实施了《中小企业划型标准规定》。具体地，职工人数在 1000 人以上且
营业收入在 4 亿元以上的归为大型企业，职工人数在 300 人及以上 1000 人以
下且营业收入在 2000 万元及以上 4 亿元以下的归为中型企业，职工人数在 20
人及以上 300 人以下且营业收入在 300 万元及以上 2000 万元以下的归为小型
企业，职工人数在 20 人以下或营业收入在 300 万元以上的归为微型企业。

第七次即最新一次是在 2017 年，这次是对 2011 年企业规模划分标准的
修订，形成《统计上大中小微型企业划分办法（2017）》。这次修订仅是将
所涉及的行业按照《国民经济行业分类》（GB/T 4754—2011）和《国民经济
行业分类》（GB/T 4754—2017）的对应关系进行了相应调整，没有改变具体
的划分标准。

从中国制造业企业规模划分标准演变可以看出，1988 年以前的划分标准
偏重于企业的生产技术经济规模，1988 年以后的划分标准转到更为看重企业
的经营规模上来。1988 年的标准还提出了特大型企业的分类标准，而 1988
年以后的划分标准转向更注重对中小企业的划分。尤其是 2011 年为提高中小
企业促进政策帮扶对象的精准性，首次提出了微型企业的概念，这体现出随
着我国市场经济的不断发展和完善，中小微企业的发展在我国经济发展中发
挥了重要作用。

3.1.2.2　大型制造业企业成长的历程与现状分析

大企业是各国参与到国际竞争中去的主要代表，同时是各国企业成长结
果的综合反映。众所周知，大企业都是从小企业做起来的。加入世贸组织后，
中国国内出现了越来越多的具备国际竞争力的大规模制造业企业。这可以从
美国《财富》杂志的世界 500 强榜单的中国制造业企业上榜数量窥知一二①。

---

① 《财富》杂志依据企业营业收入的大小对世界大企业进行从小到大排序。

首先，我们对中美制造业企业入围 500 强的企业数量进行对比，如表 3-1 所示。

表 3-1　2015~2020 年中国、美国制造业大企业规模数量比较　单位：家

年份	世界 500 强制造业企业上榜数量			500 强企业中制造业企业上榜数量		
	中国	美国	中国—美国	中国	美国	中国—美国
2015	32	30	2	227	142	85
2016	35	30	5	206	144	62
2017	37	28	9	196	141	55
2018	39	28	11	205	145	60
2019	45	29	16	215	148	67
2020	46	28	18	206	156	50

资料来源：《财富》。

从上榜的制造业企业数量来看，中国从 2015 年开始就已经超过了美国，这说明中国制造业企业的整体实力已经不容忽视，在世界制造业企业中占据了非常重要的地位。

2015~2020 年，中国制造业企业入围世界 500 强企业的数量从 32 家增加到 46 家，呈现出逐年稳步增长趋势，而美国入围制造业企业数量从 30 家减少到 28 家，略有下降。可以看出，中国制造业企业在国际上实力非常稳定而且保持了逐年小幅度提升态势。

2015~2020 年，在中国 500 强企业中，中国制造业企业上榜数量在 200 家左右，浮动中略有下降趋势，而在美国 500 强企业中，美国制造业企业上榜数量在 150 家左右，浮动中呈现上升趋势。可以看出，与 2015 年相比，中国制造业企业在中国企业 500 强中占比从 45.4% 下降到了 41.2%，有 21 家掉出了榜单。而与 2015 年相比，美国制造业企业在美国企业 500 强中占比从 28.4% 上升到了 31.2%，有 14 家新上榜。中国制造业企业在中国企业 500 强中有 21 家掉出榜单，对比同期美国制造业 500 强企业名单中制造业企业新上榜 14 家，体现出中国制造业企业的发展遇到了瓶颈。

其次，我们对中美制造业企业入围 500 强的营业收入进行对比，如表 3-2 所示。

表3-2　2016~2020年中国、美国制造业大企业营业收入中美比较

单位：亿美元

年份	世界500强制造业企业平均营业收入			500强企业中制造业企业平均营业收入		
	中国	美国	中国—美国	中国	美国	美国—中国
2016	448.41	610.80	-162.39	63.87	211.48	3.31
2017	477.50	610.80	-133.30	73.12	216.58	2.96
2018	510.87	633.56	-122.69	85.34	214.55	2.51
2019	523.87	665.85	-141.98	89.17	238.11	2.67
2020	529.99	651.24	-121.25	97.56	242.24	2.48

资料来源：《财富》。

2016~2020年，中国制造业企业入围世界500强企业的营业收入规模均呈现增长趋势，这说明大企业规模呈现出越来越大的趋势。虽然美国制造业企业的营业收入规模一直领先于中国制造业企业，但是中国制造业企业的增速快于美国企业，四年间中国和美国制造业企业营业收入的平均增速分别为4.55%和1.66%。在中国500强企业中，中国制造业上榜企业的平均营业收入呈逐年增长的趋势，但是收入规模远远落后于美国500强企业中的制造业上榜企业。2020年美国制造业上榜企业平均营业收入规模为242.24亿美元，是中国企业的2.5倍，与2015年的3.3倍相比差距有所缩小。

最后，我们对中美制造业企业入围500强的利润进行对比，如表3-3所示。

表3-3　2016~2020年中国、美国制造业大企业利润比较

单位：亿美元

年份	世界500强制造业企业平均利润			500强企业中制造业企业平均利润		
	中国	美国	中国—美国	中国	美国	中国—美国
2016	13.25	54.89	0.24	2.86	21.59	0.13
2017	14.27	58.51	0.24	3.70	23.24	0.16
2018	15.08	45.62	0.33	5.26	18.73	0.28
2019	14.88	59.56	0.25	5.44	23.16	0.23
2020	15.00	58.38	0.26	5.25	23.19	0.23

资料来源：《财富》。

在利润方面，除 2019 年企业利润出现下降外，总体来看中国入围世界 500 强制造业企业的平均利润呈现出增长趋势，但是在数额上远远落后于美国。2020 年中国入围世界 500 强制造业企业的平均利润为 15 亿美元，美国制造业企业为 58.38 亿美元，中国仅为美国的 1/4。在各自的 500 强企业中，中国和美国制造业上榜企业的平均利润收入总体均呈增长的趋势，但中国企业在利润数额上远远落后于美国，2020 年中国制造业上榜企业平均利润为 5.25 亿美元，仅为美国企业的 22.64%，但与 2015 年的 13.25% 相比差距有所缩小。

通过对比中美制造业大企业数量、营业收入和利润，中国入围世界 500 强企业的数量比美国稍多，但是营业收入和利润却比美国企业要低很多，可以说中国制造业大企业大而不强，同时也说明了中国制造业大企业在做优做强上有非常大的提升空间。

3.1.2.3 中国中小制造企业成长的历程和现状分析

在大企业规模越来越大的同时，中小企业的数量也越来越多。可以把企业结构比作一棵"树"，少数的大企业是"树干"，众多的中小企业是"树枝"，大批中小企业与大企业同时并存，共同发展。

（1）中小企业发展历程。

新中国成立之后，我国中小企业大致经历了三个发展阶段。

第一阶段发生在"大跃进"时期。当时我国的工业发展以重工业为主，在激进的"超英赶美"战略指导下，并不适合重工业发展的中小企业被迫参与了重工业化进程，出现了很多"五小"（小钢铁、小煤矿、小机械、小水泥和小化肥）企业。这一阶段中小企业的发展是严重违背基本的经济和技术发展规律的。

第二阶段发生在"文化大革命"时期。在农业机械化以及为国防服务思想的指导下，中国再次兴起了大力发展重工业型地方"五小"工业企业的浪潮。在各地方经济"自成体系"的要求下，各地方各自为战、重复建设，逐步形成了自给自足、结构雷同的"大而全、小而全"的封闭式国民经济体系。同时，因为重复建设、结构雷同、"小而全"，引起了各地间的资源争夺战，造成了资源的极大浪费。

第三阶段是在改革开放以后。这一阶段我国的工业化发展战略由"重"向"轻"转变。在"轻工业六优先"的政策引导下，农业开始实行承包制、农民开始经商办企业，在这个过程中，中国农民的创造精神迅速以兴办"乡镇企业"的形式迸发出来，城市和城镇出现了大批个体户，迎来了我国中小企业的第三次发展浪潮。这次中小企业的大发展与之前的两次截然不同，它呈现出崭新的面貌，选择了适合当时经济发展阶段要求的农副产品加工业和第三产业为主要发展方向，给正在寻找发展突破口的国民经济带来了活力，人民的生活条件开始得到大幅度改善，就业问题得到了极大的缓解，农民进城办工商企业的愿望也得到了极大的满足。从这一阶段开始，我国中小企业真正走上了正确的发展道路。此后，中小企业一直在我国国民经济发展中发挥着重要的功能和作用。

（2）中小制造业企业的现状分析。

自 20 世纪 90 年代开始，中小企业进入迅速发展时期，已经成为我国经济的重要组成部分。2020 年，我国中小企业数量已达 3000 多万家，占企业总数的 90% 以上，贡献了全国 50% 以上的税收、60% 以上的 GDP、70% 以上的技术创新成果和 80% 以上的城镇劳动力就业。制造业中小企业作为中小企业的主力军，撑起了我国制造业发展的"半边天"①。

然而，随着世界宏观经济增长的持续放缓以及中美贸易摩擦所引起的出口增幅放缓，国内经济下行压力承压，中小企业面临较大的困境。2021 年，我国中小企业发展指数（SMEDI）为 89.6，自 2011 年第三季度以来已经连续十年低于景气临界值 100，其中工业分行业指数为 87.5，低于总体指数，表明制造业中小企业发展多年处于承压状态。

从贸易附加值、垂直分工比重和技术高度指数三个方面来看，我国制造业中小企业在全球价值链中依然处于较低的位置（袁红林，2016）。我国中小制造企业以低价格策略为生存基础的状况依然没有改变，而日本即使是在

---

① 徐晓兰. 以工业互联网"良药"疗制造业中小企业"疫病" ［EB/OL］.（2020-02-17）［2022-06-15］. https：//cn.chinadaily.com.cn/a/202002/17/WS5e4a556aa3107bb6b57a042b.html.

20世纪70年代这样的企业也仅仅占8.5%；在中国的中小企业中，以从业人员的低工资为生存基础的占近1/3，而日本同类企业仅占3.5%；在中国，具有较高生产工艺水平、产品开发技术和管理水平的中小企业不到1/3，而日本则有一半以上的中小企业具备较高的技术水平。

3.1.3 中国制造业企业的技术发展演进

3.1.3.1 中国制造业企业技术引进历程

中国制造业企业的技术能力是伴随着技术引进发展起来的。新中国成立以来，我国技术引进大体上经历了五个阶段：

第一阶段主要引进苏联和东欧的技术（20世纪50年代）。新中国成立之初，各项事业百废待兴、百业待举。西方国家对我国实行了"禁运、封锁、扼杀"的政策，我国采取的是完全倒向苏联的"一边倒"政策。在苏联的援助下，我国建立起了比较完整的基础工业体系和国防工业体系框架，初步奠定了我国工业化的基础。但是，由于这一阶段太注重搞基本建设，过于强调按照苏联提供的图纸和技术资料办事，没有重视建立自己的科研机构，对引进技术的消化吸收和创新也重视不够，更没有自主创新意识。

第二阶段将技术引进的视角从苏联和东欧转向西方各国（20世纪60年代）。20世纪50年代末，由于中国与苏联在意识形态方面发生了不可调和的分歧，两国关系逐渐紧张直至破裂。此时我国国民经济处于调整时期，毛泽东做出一切国家（美国、瑞士、法国、挪威等）的先进经验和技术都要学的指示。此时技术引进仍然是引进成套技术设备（引进的成套技术设备以中小型为主），还没有认识到要引进工艺技术流程和设备设计制造技术。由于不了解西方国家的技术贸易，没有技术贸易的经验，也不懂什么是专利和技术许可，这一时期的技术引进效益并不理想，没有引进到国外的核心技术。

第三阶段为大规模技术引进时期（20世纪70年代）。1971年，我国恢复了在联合国的一切合法席位，这打开我国对外工作的新局面，对外科技交流活动得以恢复。这一时期技术引进的重点是成套化纤、化肥技术装备。但是由于受"左"的思想影响，出现不顾国力的"洋跃进"势头，技术引进仍局限于器物层面，对引进技术、工艺和制造技术重视仍不够，虽然支付了巨额的技术专利费用，但没有掌握关键技术。这是新中国成立以来的第二次大规模引进成套技术设备时期。这次成套技术设备的大规模引进，在较大程度上解决了人民的吃、穿、用问题，同时促进了相关产业的发展，增强了我国的生产能力，缩短了与世界先进水平的差距，对建立和发展同西方发达国家的经济贸易合作，对之后的改革开放、参与国际分工与合作奠定了基础。

第四阶段为改革开放之后的技术全面引进时期（20世纪80年代）。1976年粉碎"四人帮"后，国民经济处于崩溃的边缘，国家提出了加快实现四个现代化的口号。中央召开了十一届三中全会，决定实行改革开放政策。这一时期，我国开始实施全方面、多渠道的技术引进，开展对外科技合作与交流，对外技术出口也开始起步。也是在这一时期，邓小平提出科学技术是第一生产力的重要论断，我国的技术引进工作进入新时期。此时主要引进的是软件技术，并且同时开展了与之相关的贸易、经济、法律、信息等方面的咨询业务。这一时期的技术引进和设备进口，对促进企业技术改造和经济发展做出了重要贡献。但是重复引进的问题仍然存在，且引进的高水平的技术项目太少，消化吸收不够，自主创新也不足，能够出口创汇的项目更少。

第五阶段为新型技术引进阶段（20世纪90年代至今）。20世纪90年代开始至今，我国明确了技术引进的方针就是要提高我国的自主创新能力。党和国家清楚地认识到世界上最先进的技术是买不来的，一个国家只有在具备了强大的自主创新能力之后，才能够在国际竞争中赢得主动，才能够把握先机；如果自主创新能力不足，一味依靠技术引进，就永远不能摆脱落后；在关系国民经济命脉，特别是国家安全的关键领域，真正的核心关键技术是买不来的，必须依靠自主创新。

经过几十年的技术引进和实践，我们认识到，任何一个国家（包括美国），都绝不可能在科学技术的所有领域内创新，因而所有国家都需要引进技术。技术引进并不是坐享其成，其关键在于如何消化、吸收和再创新，只有具备此种能力的国家才算得上是真正的创新型国家，如果只满足于引进生产线，就永远只能是跟随型国家。

3.1.3.2 中国制造业企业技术引进现状分析

第一，中国制造业企业越来越注重国内交流。近十年来，我国工业企业引进国外技术经费支出比较稳定；引进技术消化吸收经费略呈下降趋势；购买国内技术经费 2017 年之前比较稳定，经 2018 年大幅度提升后变化不大；技术改造经费 2016 年前略呈下降趋势，自 2017 年开始小幅度上升。以上四种技术经费支出在 2020 年均出现了不同程度的下降，这可能是因为受到新冠疫情的影响。中国规模以上工业企业技术获取和技术改造情况如表 3-4 和图 3-1 所示。

表 3-4　2011～2020 年中国规模以上工业企业技术获取和技术改造情况

单位：亿元

年份	引进国外技术经费支出	引进技术消化吸收经费支出	购买国内技术经费支出	技术改造经费支出
2011	448.99	202.20	220.52	4293.66
2012	393.91	156.80	201.69	4161.75
2013	393.95	150.60	214.38	4072.12
2014	387.51	143.20	213.53	3797.98
2015	414.06	108.40	229.94	3147.64
2016	475.42	109.20	208.00	3016.61
2017	399.32	118.50	200.87	3103.38
2018	465.27	91.00	440.17	3233.41
2019	476.69	96.80	537.41	3740.15
2020	459.95	75.60	456.71	3516.68

资料来源：《中国统计年鉴》（2012～2021 年）。

值得注意的是，首先，近十年来我国规模以上工业企业技术改造经费支出大幅度高于引进国外技术经费支出、引进技术消化吸收经费和购买国内技

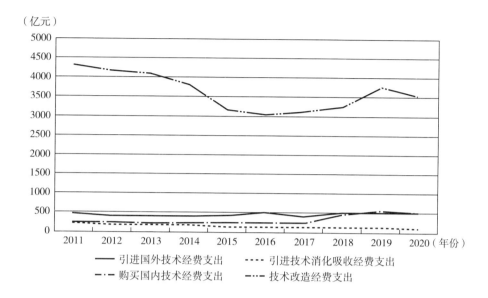

图 3-1　2011~2020 年我国规模以上工业企业技术获取和技术改造情况

术经费，平均分别是这三者的约 8 倍、30 倍和 14 倍。其次，2017 年及以前，我国规模以上工业企业引进国外技术经费支出均大幅高于购买国内技术经费支出。而自 2018 年开始，两者差距急剧缩小，购买国内技术经费支出超过引进国外技术经费支出，这说明了我国工业企业已经全面进入自主创新时代。

　　第二，中国制造业企业技术引进呈现明显的行业差异。2016~2020 年，制造业企业中有产品或工艺创新活动的企业数量稳步增加，平均年增长率达 9.45%；有产品或工艺创新活动的企业占制造业比重同样稳步增加，平均年增长率达 8.18%，说明我国越来越多的制造业企业开始注重技术创新。具体地，分行业来看，2016~2020 年，农副食品加工业、食品制造业、纺织业等传统产业中，有产品或工艺创新活动的企业占制造业比重均较多地低于制造业行业比重，而在医药制造业、仪器仪表制造业等高技术产业中，有产品或工艺创新活动的企业占制造业比重均较多地高于制造业行业比重。这不仅体现出制造业各行业的技术水平不同，更说明了高技术制造业企业更重视技术发展（见表 3-5）。

表 3-5　2016~2020 年中国规模以上制造业各行业创新企业数量情况

单位：个，%

行业	2016 年	2017 年	2018 年	2019 年	2020 年	2016 年	2017 年	2018 年	2019 年	2020 年
	有产品或工艺创新活动的企业数					有产品或工艺创新活动的企业占比				
制造业	141074	147461	157492	182828	202509	39.7	42.1	44.7	51.7	54.2
农副食品加工业	7409	7091	7069	7623	8560	28.5	28.8	30.4	35.8	39.2
食品制造业	3498	3548	3632	3945	4391	38.7	40.1	42.2	49.1	53.2
酒、饮料和精制茶制造业	2457	2404	2353	2453	2561	35.3	35.9	37.0	43.3	46.3
纺织业	6260	5974	6468	7855	8349	31.7	31.9	34.6	43.6	45.1
纺织服装、服饰业	4041	3861	3759	4272	3928	26.2	26.4	26.7	32.0	30.9
皮革、毛皮、羽毛及其制品和制鞋业	2447	2472	2799	3370	3293	28.0	29.8	34.2	40.5	41.5
木材加工和木、竹、藤、棕、草制品业	2224	2144	2265	2545	2832	24.4	24.2	25.0	28.2	28.6
家具制造业	1873	2002	2146	2805	3079	32.4	32.6	33.7	43.3	47.1
造纸和纸制品业	1959	2093	2249	2604	2939	29.7	31.6	33.5	39.6	44.1
印刷和记录媒介复制业	1678	1837	2058	2509	2854	30.1	32.7	36.2	44.2	48.6
文教、工美、体育和娱乐用品制造业	3375	3312	3659	4161	4245	36.4	36.5	40.1	47.5	47.5
石油加工、炼焦和核燃料加工业	641	652	709	798	907	34.2	36.5	36.0	39.9	42.9
化学原料和化学制品制造业	11045	11239	11350	12269	13315	44.9	48.1	50.6	56.8	60.5
医药制造业	4750	4963	5063	5498	6167	63.0	65.9	68.3	74.4	75.5
化学纤维制造业	846	860	919	1137	1119	46.5	47.8	50.3	60.4	57.7
橡胶和塑料制品业	6573	7333	7944	9610	11078	35.9	39.7	41.8	49.5	53.3
非金属矿物制品业	8779	9225	10185	12593	14784	25.1	26.7	29.2	34.8	37.3
黑色金属冶炼及压延加工业	2571	2515	1701	1946	2167	30.3	32.6	33.1	38.1	40.8
有色金属冶炼及压延加工业	2940	2967	3092	3653	3995	41.9	42.8	44.0	50.4	52.2
金属制品业	7376	7961	9818	12068	13915	35.6	38.7	41.5	48.9	51.8

续表

行业	2016 年	2017 年	2018 年	2019 年	2020 年	2016 年	2017 年	2018 年	2019 年	2020 年
	有产品或工艺创新活动的企业数					有产品或工艺创新活动的企业占比				
通用设备制造业	11970	12558	13692	16205	18008	50.6	53.1	56.0	65.4	68.2
专用设备制造业	9594	10358	11289	13286	15321	54.5	58.3	61.1	69.5	72.6
汽车制造业	7211	7850	8583	9649	10381	49.7	52.6	56.3	62.3	64.8
铁路、船舶、航空航天和其他运输设备制造业	2477	2503	2610	2918	3235	50.1	51.9	54.9	62.0	64.2
电气机械和器材制造业	13165	14325	15225	17306	18768	55.8	59.9	62.3	68.5	69.7
计算机、通信和其他电子设备制造业	9635	10835	12102	13957	15781	63.3	67.3	69.7	74.5	75.7
仪器仪表制造业	2974	3166	3300	3935	4378	68.6	70.3	74.4	80.4	82.8

资料来源：《中国统计年鉴》（2017~2021 年）。

3.2 中国制造业的现实考察

打造具有世界先进水平的制造业体系，是保障国家安全、提高国家综合国力和核心竞争力、促进可持续发展的必由路径。坚定不移走工业化道路，致力于建设完备发达的工业体系，是我们党在进入社会主义建设和改革开放时期切实践行"初心使命"的集中体现与生动实践。而在建设中国特色社会主义的新时代，坚持走中国特色新型工业化道路，加快制造强国建设，加快发展先进制造业，对于实现中华民族伟大复兴的中国梦具有特殊的重要意义①。

---

① 陈敏．我国制造业的发展历程与现状［EB/OL］．（2020-01-20）［2022-12-04］．https：//www.workercn.cn/242/202001/20/200120071108018.shtml.

3.2.1 中国制造业的发展历程

新中国的制造业是在"一穷二白"的基础上起步的。新中国在成立之初，是一个典型的农业大国，工业处在近乎无的状态。从"一五""二五"时期156个重点项目的建成投产，到"两弹一星"试制成功，再到后来大规模的"三线建设"，矢志不渝、上下同心、艰苦奋斗，举全国之力投入工业化建设，使中国在历史上首次拥有了相对完整的工业体系，艰难地补上了第一次和第二次工业革命的功课。中国最初的工业化是在计划经济时代关起门搞的，使得中国制造实现了从无到有、由全球工业化的"落后者"成为"追赶者"的第一次伟大转变。

改革开放以后，中国制造逐渐融入全球分工体系，真正驶进发展快车道。同一时期，美国、欧洲、日本等发达国家正在经历"去工业化"浪潮，这是中国制造业发展的重大历史机遇。中国的改革开放政策正好打开国门让境外的资本、装备、技术和管理等生产要素与国内相对丰富的劳动力、土地和自然资源结合起来，以中外合资、外商独资、"三来一补"以及代工生产等多种方式，迅速在沿海地区形成了大规模的制造产能和产业集群。与此同时，国内民营制造业异军突起。特别是2001年加入世贸组织后，中国为适应国际贸易规则进一步加大了改革开放力度，不断优化投融资和营商环境，吸引了全球跨国公司巨头纷纷落户中国，使得中国制造行销全球，成为"世界工厂"。2009年，中国超过德国成为世界第一大出口国，2010年，超过日本成为世界第一大制造国。新中国成立至今，经过70多年的发展，按照联合国工业发展组织的数据，中国已经成为全世界拥有全部制造业门类的唯一国家。在以信息化为特征的世界第三次工业革命进程中，中国制造实现了由小变大、从世界制造业的"追赶者"成为"并跑者"、局部领域"领先者"的第二次伟大转变。

综上所述，新中国成立以来，中国制造业发展历程总体上可以分成五个阶段：第一阶段（1949~1978年）为自我发展阶段；第二阶段（1979~1991年）为乡镇企业开启的发展阶段；第三阶段（1992~2001年）为由民营、外资企业推动的快速发展阶段；第四阶段（2002~2010 年）为中国制造业的全球化发展阶段，即融入全球制造业体系，规模迅猛扩张和深度国际化发展阶段；第五阶段（2011 年至今）为新发展理念引领的高质量发展阶段。新中国成立以来中国制造业发展阶段的轨迹如图 3-2 所示。

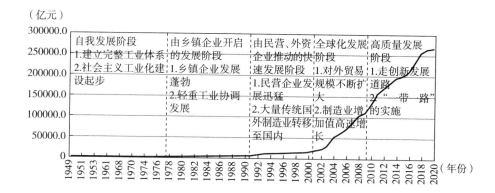

图 3-2　新中国成立以来中国制造业发展阶段轨迹

资料来源：中经网数据库、世界银行、Wind。

3.2.2　中国制造业的现状分析

3.2.2.1　中国制造业的发展现状

世界各国在制造业发展中形成了四级梯队的发展格局。第一梯队以美国为主导，是全球科技创新中心；第二梯队包括欧盟、日本，占领了高端制造领域；第三梯队主要是一些新兴国家，位于中低端制造领域；第四梯队包括石油输出国组织（OPEC）、非洲、拉美等国家，主要是资源输出[①]。我国目前处于第三梯队的位置，正努力向第二梯队和第一梯队迈进。

（1）总体规模不断扩大。

2005 年，中国制造业增加值为 6.01 万亿元，占全世界制造业份额的

---

① 佚名.中国还不够强，要成为制造强国至少要再努力 30 年——工信部部长苗圩全面解读《中国制造 2025》［EB/OL］.（2020-04-21）［2022-06-25］. https://www.163.com/dy/article/FAOK3P2M0518EGQF.html.

9.43%，到 2021 年，中国制造业增加值达 31.4 万亿元，占全世界制造业份额的 29.72%，连续十多年保持世界第一制造大国地位。22 个制造业大类行业的增加值均位居世界前列；世界 500 种主要工业品种，目前有约 230 种产品产量位居全球第一。2021 年美国制造业增加值为 2.5 万亿美元，占全世界制造业份额的 15.29%。图 3-3 直观展示了中国制造业总体规模不断扩大的趋势。

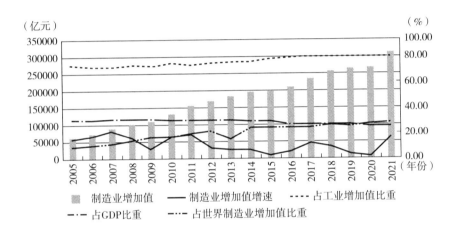

图 3-3　中国制造业增加值及其比重

（2）科技创新能力不断提高。

自 2001 年加入 WTO 以来，中国制造业创新水平不断提高，与发达国家间差距日渐缩小，甚至某些领域达到了世界领先水平。一批批"国家名片""国之重器"闪亮面世，体现出中国制造的科技优势和产业优势。如目前中国在轨道交通（包括高铁）、超临界燃煤发电、特高压输变电、超级计算机、基础设施建设、移动支付、稀土分离提纯技术、核聚变装置、民用无人机等领域居于世界领先水平；在全球导航定位系统、载人深潜、深地探测、5G 移动通信、语音人脸识别、工程机械、大型震动平台、可再生能源、新能源汽车、第三代核电、港口装备、载人航天、人工智能、3D 打印、部分特种钢材、大型压水堆和温气冷核电、可燃冰试采、量子技术、纳米材料等领域整体进入世界先进行列；在集成电路、大型客机、高档数控机床、桌面操作系统、大型船舶制造、碳硅材料、节能环保技术等领域也正在奋起追赶世界先进水平①。

我国制造业科技创新能力不断提高的主要原因在于：一是研发经费投入的较多增加和研发投入强度的较大提升。2011 年，中国制造业研发经费为 5692.38 亿元，2020 年提高到 14726.75 亿元，年均增长 11.14%。二是制造业 R&D 人员和经费支出的大幅增加。从表 3-6 可以看出，制造业 R&D 人员全时当量由 2011 年的 182.38 万人年增长至 2020 年的 334.44 万人年，年均增长 7%。三是制造业发明专利数量的大幅增加。中国制造业有效发明专利数由 2011 年的 196521 件增长至 2020 年的 1394186 件，年均增长 24.32%。中国制造不仅实现了数量扩张，而且在质量上也有了显著提升。

表 3-6　2011~2020 年制造业研发投入与产出情况

年份	2011	2013	2015	2017	2019	2020
研发经费（亿元）	5692.38	7942.44	9628.44	11593.70	13493.20	14726.75
R&D 人员全时当量（万人年）	182.38	236.31	252.30	262.56	303.96	334.44
有效发明专利数（件）	196521	327725	558163	907289	1171884	1394186

资料来源：《中国统计年鉴》（2012~2021 年）。

（3）产业结构不断优化。

随着产业转型升级步伐的加快和供给侧结构性改革的深化，中国制造所涵载的产品、技术、装备、品牌、结构与效益得到优化升级，不断向价值链的中高端攀升，技术含量高的高技术制造业和装备制造业获得了较快发展，高质量发展的态势逐步显现。从表 3-7 可以看出，高技术制造业增加值占规模以上工业比重由 2014 年的 10.6% 增加到 2020 年的 15.1%；2020 年，装备制造业增加值占规模以上工业增加值比重为 33.7%，比 2014 年提高了 3.3 个

---

① 陈敏. 我国制造业的发展历程与现状［EB/OL］.（2020-01-20）［2022-12-04］. https：//www.workercn.cn/242/202001/20/200120071108018.shtml.

百分点。随着产业结构的优化和转型升级,中国制造业发展质量和效益都得到明显提升。一方面,用新技术对传统制造业进行改造,大力培育发展高新技术产业和装备制造业。2014~2020 年,高技术制造业增加值和装备制造业增加值年均增长率分别为 10.61% 和 8.50%。另一方面,进一步淘汰落后产能,提高制造业发展的质量和效益。2014 年,人均主营业务收入为 190.56 万元/人,2020 年增加到 283.10 万元/人,年均增长 6.82%。

表 3-7　高技术制造业、装备制造业增加值增长率及其占
规模以上工业增加值比重　　　　　　　单位:%

年份	2014	2015	2016	2017	2018	2019	2020
高技术制造业增加值增长率	12.3	10.2	10.8	13.4	11.7	8.8	7.1
高技术制造业增加值占规模以上工业比重	10.6	11.8	12.4	12.7	13.9	14.4	15.1
装备制造业增加值增长率	10.5	6.8	9.5	11.3	8.1	6.7	6.6
装备制造业增加值占规模以上工业比重	30.4	31.8	32.9	32.7	32.9	32.5	33.7

资料来源:《中国国民经济和社会发展统计公报》(2014~2020 年)。

(4) 贸易规模不断扩大、结构持续升级。

随着对外开放层次的不断提高,中国生产制造的工业品不断走出国门,对外贸易规模不断扩大。由表 3-8 可以看出,2005 年,中国货物进出口贸易总额为 14219.06 亿美元,到了 2021 年,这一数字增加到 60514.9 亿美元,年均增长 9.48%,其中,出口年均增长 9.26%,进口年均增长 9.17%。

表 3-8　2001~2021 年对外贸易情况　　　　单位:亿美元

年份	2001	2010	2015	2018	2021
货物进出口总额	36418.6	29740	39530.3	46224.2	60514.9
出口总额	18983.8	15777.5	22734.7	24866.8	33639.6
进口总额	17434.8	13962.5	16795.6	21357.3	26875.3
实际利用外商投资额	1176.98	1088.20	1262.67	1349.66	1734.80

资料来源:《中国统计年鉴》(2002~2022 年)。

在外贸规模不断扩大的同时，中国的外贸结构也发生了巨大变化，2020年中国出口中初级产品的比重由 2001 年的 9.9% 下降到 4.5%，同期工业制成品由 90.1% 提高到 95.6%。从进口结构来看，初级产品进口占比达到33.8%，上升了 14.0%，工业制成品占比为 66.3%，下降了 14.5%。分商品来看，机械及运输设备出口提升了 12.9%；杂项制品下降了 10.2%。随着中国工业化水平不断提升，国内包括机械运输设备等产品在内的工业制成品竞争力明显增强，技术密集型和资金密集型商品出口持续上升的同时，对同类商品的进口依赖性有所下降，说明结构优化取得了明显的进展[①]。

　　（5）国际竞争力不断增强。

　　加入世贸组织以来，中国工业制成品出口数量大幅增加，在国际市场上的占有率不断攀升。《产业蓝皮书：中国产业竞争力报告（2020）》中数据显示，到 2019 年，中国工业制成品的国际市场占有率达 18.6%，较 2000 年提高了约 14%。2018 年中国中高端制成品的国际市场占有率为 15%，较 2000年提高了约 12%。

　　制造业产品出口结构也在不断优化，高技术产品出口额快速增长，由2001 年的 464.5 亿美元增加到 2020 年的 7577.24 亿美元，年均增长 15.83%。近年来，通过持续的技术创新和改革，中国的超级计算机、高铁装备等已经处于世界领先水平，载人航天、大型飞机、导航卫星等领域也取得了重大突破，中国制造业的综合竞争力有了较大提高。通过对前沿技术的引进、吸收、消化到创新，一批批优秀的中国制造业企业走向世界（如华为、格力、联想、福耀、海尔等），越来越多的中国制造业企业打造出了世界认可的自创品牌，中国制造业的国际竞争力正在不断增强。

　　3.2.2.2　中国制造业的问题现状

　　改革开放 40 多年来，我国早已成为制造业大国，但还不是制造业强国，与先进制造业国家相比，差距仍然较大。制造业传统产业产能过剩、综合成本高、自主创新能力弱、资源能源利用效率低等困境亟待突破。

---

　　① 赵晋平. 入世 20 年，对外贸易量质齐升成就中国经济大国地位［EB/OL］.（2011-12-08）［2022-06-15］. https：//baijiahao. baidu. com/s？id=1718573111187089773.

（1）中国制造业低端产能过剩。

中国制造业低端产能过剩包括低端制造业过剩和传统低端制造业产能过剩两方面。

低端制造业过剩指的是我国处于高端制造业中的低端环节企业数量过多。典型的如机器人产业，可以将机器人产业链分成上游、中游和下游三层。上游产业主要生产控制系统和减速机等核心零部件，类似于"大脑"；中游产业生产机器人的"身体"；下游产业把上游和中游的产品组装成集成品。据不完全统计，截至 2017 年底，我国已建成的和计划建设中的机器人产业园或产业基地达 10 多个，沪深 A 股上市公司中"机器人概念股"已超过 50 家[①]。虽然数量较多，但是 90%的机器人相关企业都处于下游环节，同时上游环节缺失，中游环节分散。

传统制造业低端产能过剩指的是以煤炭、钢铁、水泥、电解铝等为代表的传统"三高"制造业产能过剩，其本质是产品供需不匹配、产业结构不合理。我国制造业已经普遍存在产能过剩现象（孙焱林和温湖炜，2017）。2008 年是产能过剩不同表现的分水岭，2008 年以前表现出一般性、局部性和周期性特征，2008 年之后表现出复杂性、全局性和长期性特征，甚至有由传统产业向新兴产业蔓延的趋势。

（2）处于全球价值链中低端，"人口红利"逐渐消失。

中国实施改革开放政策之后 30 年的时间里，由人口红利带来的低成本是中国成为"世界工厂"的法宝之一。据美国知名媒体记者查访，几乎没有美国人能够离开中国制造的产品，可以说，世界已经离不开中国制造。

但随着中国经济的高速发展和人民生活水平的提高，人口红利优势已不复存在。从制造业生产的人工成本来看，东南亚国家比我国更具优势。事实上，阿迪达斯、耐克和三星等巨头都已经把工厂搬迁到了东南亚国家。美国波士顿咨询公司（BCG）曾经研究过中美两国的制造成本，计算出中美两国的制造成本指数分别为 96 和 100。由于制造成本中除劳动力成本外，还纳入

---

① 佚名. 国产机器人亟须打破低端过剩魔咒［EB/OL］.（2017-04-13）［2022-06-15］. https://www.sohu.com/a/133652441_114731.

了环境成本等其他成本，所以中美两国制造总成本相差不大。福耀玻璃到美国去设立工厂就是对这一结论的较好例证。福耀玻璃董事长曹德旺表示，虽然从人力成本角度看中国仅为美国的 1/8，但是美国的资源成本更低（如天然气价格是中国的 30%，电价是中国的 50%），此外，美国的运费和税费都比中国要低不少。

（3）核心技术缺乏问题严重。

我国在短短几十年的时间内走过了西方发达国家几百年的工业化历程，主要依靠的是引进来自美国、德国和日本等制造强国的先进技术，而不是自主创新。《中国制造 2025》中提到了 10 个制造业重要领域，这些重要领域中的大部分中国企业都是通过集成等方式提供产品和服务，都没有能够掌握关键核心技术。为鼓励自主创新，近年来中国出台了大量支持政策，中国企业也在政策引领下不断加强技术改造和技术创新，开发出了一大批具有自主知识产权的高端装备，制造业整体技术水平大幅提升，但是我国仍没有掌握生产高端装备（如数控机床、高端电力装备和工程机械等）的关键零部件和配套产品的核心技术。

（4）资源能源利用效率较低，环境污染问题依然突出。

中国制造业在取得了举世瞩目的成就的同时，由高污染、高能耗、高排放所带来的环境污染问题也备受关注。中国制造业企业生产方式大多比较粗放，导致能源消耗总量较大，并且随着生产规模的扩大，能源消耗总量仍在不断上升，由 2001 年的 83158 万吨标准煤上升到 2020 年的 49.8 亿吨标准煤，年均增长为 9.88%。可喜的是，中国能源利用效率是在不断提高的，具体表现为 2012~2020 年中国万元国内生产总值能耗呈现出持续下降趋势。但中国能源消耗强度仍比世界平均水平要高。由表 3-9 可知，近年来中国单位GDP 终端能源消费量呈不断降低态势，由 2000 年的 645.61 百万吨标准油/万亿美元下降到 2019 年的 146.57 百万吨标准油/万亿美元，但与英国、日本、法国等发达国家相比仍有较大差距。

表 3-9　主要制造业国家单位 GDP 终端能源消费量

单位：百万吨标准油/万亿美元

年份 国家	2000	2005	2010	2015	2018	2019
中国	645.61	473.97	270.12	178.28	148.06	146.57
美国	150.86	122.08	100.53	82.96	77.58	74.33
日本	67.62	73.24	54.47	66.00	56.50	54.51
德国	118.67	87.46	68.21	65.75	56.03	56.99
英国	90.81	63.50	55.42	42.61	44.53	44.20
韩国	220.61	153.64	138.32	117.84	105.96	110.26
法国	117.88	79.65	60.29	63.11	54.28	54.97

资料来源：笔者自行整理。

目前，中国制造业发展依然依赖于对能源的消耗，制造业在生产过程中排放的大量废水、废弃、废渣等废弃物仍然是环境污染的重要污染源。《2021 中国生态环境状况公报》的数据显示，2021 年，不排除沙尘的影响，全国 339 个地级及以上城市中，环境空气质量不达标的城市数量占比为 43.1%，达 146 个，发生严重污染和重度污染的频率依然很高；全国监测的 1900 个国家地下水环境质量考核点中，属于水质极差级别的监测点占比达 20.6%。中国制造业迅猛扩张带来的水体污染严重、空气质量差等环境污染问题仍然十分突出。

3.3　本章小结

本章主要对制造业企业的规模成长、技术能力成长和制造业的发展历程进行了考察，揭示了企业成长和制造业发展的基本事实。

3.3.1　企业规模成长方面

从工业企业中小企业的划分标准沿革和企业入围美国《财富》杂志世界企业 500 强上榜门槛变化均体现出我国企业规模呈现出越来越大的趋势。尤其是从《财富》杂志世界企业 500 强上榜制造业企业的数量来看，中国从 2015 年开始就已经超过美国，说明中国制造业企业的整体实力已经不容忽视，在世界制造业企业中占据了非常重要的作用。但是上榜制造业企业的营业收入和利润均大幅度低于美国企业，也说明了我国企业虽然大，但仍然不强。要提高企业利润，必须掌握关键核心技术。

3.3.2　企业技术成长方面

中国制造业企业的技术成长是伴随着技术引进过程发展起来的，一共经历了五个发展阶段，分别为：20 世纪 50 年代引进苏联和东欧的技术阶段、20 世纪 60 年代引进西方各国技术阶段、20 世纪 70 年代大规模技术引进阶段、20 世纪 80 年代改革开放之后的全面技术引进阶段和 20 世纪 90 年代至今的新型技术引进阶段。从我国规模以上工业企业技术获取和技术改造情况可以看出我国已经进入到自主创新阶段，从中国规模以上制造业各行业企业创新情况可以看出，中国制造业企业技术创新呈现明显的行业差异，高技术产业技术创新投入和产出均大幅度高于传统行业。

3.3.3　制造业发展历程方面

总体规模不断扩大、科技创新能力不断提高、产业结构不断优化、对外贸易规模不断扩大、国际竞争力不断增强，但是中国制造业低端产能过剩、处于全球价值链中低端，"人口红利"不复存在、核心技术缺乏问题严重、资源能源利用效率较低，环境污染问题依然突出。

第4章 理论分析和假设

在已有研究的基础上，本章构建了企业战略激进度与企业成长的分析框架。2.2部分把战略激进度分为外延激进度和内涵激进度两种方式，因而企业成长随之存在外延成长和内涵成长两种结果。据此，企业战略激进度通过外延激进度和内涵激进度两种方式影响企业外延成长和企业内涵成长，而企业成长的状况决定了产业竞争力。下文分别从这两个方面展开深入探索。

4.1 外延激进度和企业外延成长

2.1部分概念界定中，认为企业外延成长指的是企业规模的壮大，即"量"的增长，主要体现在营业收入和资产规模方面。而外延激进是企业外延成长的原因，所有导致企业"量"的增长的方式都是外延激进方式。企业采取外延激进战略通过规模扩大效应和规模经济效应促进企业营业收入和资产规模的提升，从而企业外延得到成长。

4.1.1 规模扩大效应

首先对企业做如下两个基本假设：

第一，企业是理性的。每一个从事经济活动的企业都是利己的。即，每一个从事经济活动的企业所采取的经济行动或行为都是力图以最小的经济代价去获得最大的经济利益。

第二，企业生产函数服从柯布—道格拉斯（C-D）生产函数形式：$y_i = A_i (\gamma s_{2i}) K_i (s_{\varphi i})^{\alpha_{\varphi i}} L_i (\varphi s_{1i})^{\beta_{\varphi i}}$，$i = 1$，$2$，$\cdots$，$n$，$\varphi = 1$，$2$。

其中，y_i 表示企业 i 的总产值；A_i 表示全要素生产率；K_i 表示资本投入；L_i 表示劳动投入；s_{1i} 和 s_{2i} 分别表示企业 i 的外延激进度和内涵激进度；$\alpha_{\varphi i}$ 表示资本的投入产出弹性系数；$\beta_{\varphi i}$ 表示劳动力的投入产出弹性系数，$0 < \alpha_{\varphi i} < 1$，$0 < \beta_{\varphi i} < 1$；$A_i$ 表示企业内涵激进度 s_{2i} 的函数；K 和 L 分别表示企业外延激进度 s_{1i} 和内涵激进度 s_{2i} 的函数。

当企业采取外延激进战略时，$\gamma = 0$，$\varphi = 1$。表示外延激进战略不会改变企业的制度和技术水平，即 A 不变。企业 i 的生产函数为：

$$y_i = A_i K_i (s_{1i})^{\alpha_{1i}} L_i (s_{1i})^{\beta_{1i}} \tag{4-1}$$

y_i 对 s_{1i} 求导得：

$$\frac{\partial y_i}{\partial s_{1i}} = A_i \left[\alpha_{1i} K_i (s_{1i})^{\alpha_{1i}-1} L_i (s_{1i})^{\beta_{1i}} \frac{\partial K_i}{\partial s_{1i}} + \beta_{1i} L_i (s_{1i})^{\beta_{1i}-1} K_i (s_{1i})^{\alpha_{1i}} \frac{\partial L_i}{\partial s_{1i}} \right] \tag{4-2}$$

由于 $\dfrac{\partial K_i(s_{1i})}{\partial s_{1i}} > 0$，$\dfrac{\partial L_i(s_{1i})}{\partial s_{1i}} > 0$，从而 $\dfrac{\partial y_i}{\partial s_{1i}} > 0$。所以，企业提高外延战略激进度能够促进企业的外延成长。

4.1.2 规模经济效应

图 4-1 是某企业的生产曲线。其中，LAC 和 SMC 分别是该企业的长期平均成本曲线和长期边际成本曲线，SMC1、SMC2 和 SMC3 分别是产量 Q1、Q2 和 Q3 对应的短期最优生产规模边际成本曲线，SAC1、SAC2 和 SAC3 分别是产量 Q1、Q2 和 Q3 对应的短期最优生产规模平均成本曲线，C1、C2 和 C3 分别是产量 Q1、Q2 和 Q3 对应的生产成本。其中，产量 Q2 也是企业长期生产时的最优生产规模。假定初始时期企业产量为 Q1，成产成本为 C1。企业采取外延激进战略，扩大生产规模，只要产量不要超过 Q2，那么企业的生产成本就是降低的，在产量 Q1 扩大到 Q2 的过程中，出现了生产成本的下降（从

C1 下降到了 C2），生产成本下降了利润就会提高，就出现了规模经济。如果在产量 Q2 后，企业继续采取外延激进战略，扩大生产规模，比如把产量扩大到 Q3，那么企业的生产成本就会上升（从 C2 上升到 C3），生产成本的增加就会导致利润的减少，就出现了规模不经济。

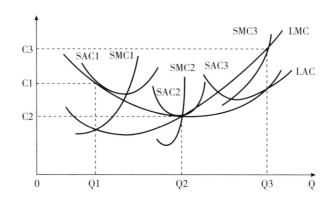

图 4-1　外延激进度的规模经济效应分析

资料来源：高鸿业《微观经济学》（第 7 版）。

综合来说，企业外延激进度通过规模扩大效应可以促进企业的外延成长，同时由于规模经济效应，企业的外延规模不会在短时间内无限扩大，会受到企业最优生产规模的制约。

4.2　内涵激进度和企业内涵成长

企业内涵是指企业素质，通常体现在创新水平提升和管理效率提高两个方面。自党的十八大提出实施创新驱动发展战略、强调科技创新是提高社会生产力和综合国力的战略支撑以来，科技创新即被摆放在国家发展全局的核心位置。在此背景下，可以认为科技创新是驱动企业内涵成长的最主要因素，因而创新激进是最主要的内涵激进战略方式，本节主要分析创新激进对企业创新内涵成长的影响[①]。

4.2.1　逃离竞争效应

逃离竞争效应指的是激烈的市场竞争条件下企业会增加创新投入以逃离竞争环境。技术创新是企业面对激烈的市场竞争时的基本反应（简泽等，2017）。借鉴简泽等的做法，本节假定市场上存在一类质量相异的为 $z = (z_1, z_2, \cdots, z_n)$ 的商品。其中，z_i 表示质量为 q_i 的商品的数量。商品的市场价格是 $p(z)$，$p(z) = p(z_1, z_2, \cdots, z_n)$。假定在商品 z 处在一个消费者市场，即可以忽略消费者竞争，只考虑生产者竞争。这和现实情况是相符的，在如今愈加充分的市场经济条件下，消费者已经不需要竞争去购买商品。在消费者市场，消费者偏好不变，消费者是否购买商品是根据自身偏好，生产者需要根据市场上消费者对产品的反应进行生产安排，以满足消费者。

对消费者的商品选择过程描述如下。假定消费者的偏好 γ 和效用指数 u 给定，其花费由价值函数 $\theta(z; \gamma, u)$ 决定。图 4-2 给出了当消费者偏好为 γ_1、效用指数为 $u_k(k=1, 2)$ 时消费者对质量为 q_1 的商品的价值曲线。在商品质量和消费者偏好给定的情况下，价格越低，消费者的效用指数越高，有 $u_1 < u_2$。同时，在给定利润水平为 ρ、技术为 β 的情况下，生产者的供给函数为 $\lambda(z \mid \beta, \rho)$。图 4-2 描绘了当利润为 ρ_1、技术为 β_1 时生产者对于质量为 q_1 的商品的供给曲线 $\lambda_{11}(z_1 \mid \beta_1, \rho_1)$。显然，在生产者的技术为 β_1、消费者的偏好为 γ_1 的情况下，消费者价值曲线 $\theta_{12}(z_1 \mid \gamma_1, u_3)$ 之外的点，比如 A 点和 C 点，没有实现消费者的效用最大化。同时，在消费者的价值曲线 $\theta_{12}(z_1 \mid \gamma_1, u_3)$ 上，除 E 点之外的任何一点，比如 B 点，虽然满足了消费者的效用最大化，但却是生产者的不可能点。因此，消费者的价值曲线 $\theta_{12}(z_1 \mid \gamma_1, u_2)$ 与生产者的供给曲线 $\lambda_{11}(z_1 \mid \beta_1, \rho_1)$ 的切点 E 构成了质量为 q_1 的商品的短期均衡。

---

① 此处创新是指技术创新。

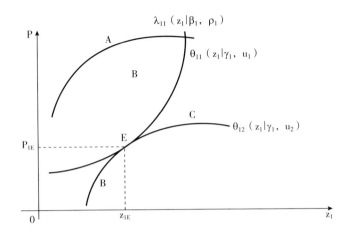

图4-2　市场的短期均衡

资料来源：笔者参考简泽等（2017）的研究绘制。

　　以图4-2为基础，引入企业技术 β 的变化来说明逃离竞争效应下企业采取内涵激进战略对创新成长的影响。

　　有学者认为市场结构越是偏向竞争性，越是会激发企业进行创新活动。当一些同样利用技术 β_1 生产质量为 q_1 的商品的企业采用外延激进战略扩大生产规模，或者企业主动提高内涵激进度时，原来市场均衡点 E 就会被打破，从而加剧了市场竞争。这意味着当竞争压力增大时，有部分激进的企业为了获取更高的利润会率先通过创新以实现技术改进或产品升级，形成逃离竞争效应。也就是说，在消费者偏好 γ_1 不变的情况下，在激烈的市场竞争中，有技术创新激进精神的企业具有通过技术创新（即改变技术 β）来逃离价格竞争引起的利润下降的压力。于是，随着竞争的加剧，企业会采取内涵激进战略以逃离竞争。

　　学者研究技术创新时通常把其分为产品创新和过程创新（廖进球等，2021）。本书沿用这一分类方法，从产品创新和过程创新这两个角度来分析内涵战略激进度对企业内涵成长的影响。

　　首先，分析战略激进度与过程创新。企业通过过程创新引入新工艺，通过提高生产效率来降低生产成本。在图4-3中，这将导致企业的供给曲线从

$\lambda_{11}(z_1 \mid \beta_1,\ \rho_1)$ 移动到 $\lambda_{22}(z_1 \mid \beta_2,\ \rho_2)$，并在与 $\theta_{13}(z_1 \mid \gamma_1,\ u_3)$ 的切点 E_1 处形成新的均衡。均衡点 E_1 处的工艺 ρ_2 高于 ρ_1，价格 P_{1E_1} 小于 P_{1E}。价格下降会侵蚀利润，但是如果企业通过过程创新能够创造生产成本更大幅度的下降，那么均衡点 E_1 处的利润 β_2 就会大于均衡点 E 处的利润 β_1，即企业通过过程创新可能提高企业的利润。

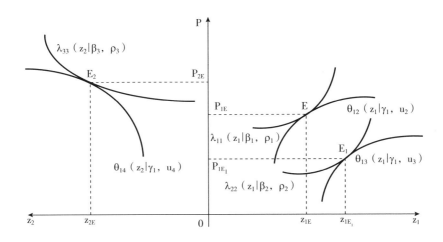

图4-3　企业内涵激进度与过程创新和产品创新：比较静态分析

资料来源：笔者参考简泽等（2017）的研究绘制。

其次，分析战略激进度与产品创新。企业通过产品创新提高产品质量，以避免竞争引起的价格下降，进而维持一个较高的价格。这将在图4-3的左边创造一条质量为 q_2 的商品的供给曲线 $\lambda_{33}(z_2 \mid \beta_3,\ \rho_3)$，并且，与消费者的价值曲线 $\theta_{14}(z_2 \mid \gamma_1,\ u_4)$ 在切点 E_2 处形成新的均衡。与均衡点 E 处相比，均衡点 E_1 处的产品质量 q_2 更高，有 $q_2 > q_1$，价格也更高，有 $P_{2E} > P_{1E}$。提高产品质量通常意味着成本也会提高，但是如果企业通过产品创新带来的价格的提高足够覆盖生产成本的上升，那么均衡点 E_2 处的利润 β_3 就大于均衡点 E 处的利润 β_1，即企业通过产品创新可能提高企业的利润。

这个比较静态分析的结果显示，激烈的市场竞争迫使一些企业提高研发投入以提高技术创新能力。技术创新通常体现为产品创新和过程创新，过程创新带来的产品成本下降和产品创新带来的产品价格提升都有可能带来企业利润的提高。

4.2.2 研究与开发效应

本部分借鉴罗默的研究与开发模型来说明内涵激进度（s2）和企业创新成长的关系。模型中新知识的生产表示企业的创新内涵成长。

4.2.2.1 基本假设

第一，企业内有两个部门：一个是产品生产部门，它生产产品；另一个是研究与开发部门，它增加知识存量。两个部门的生产函数均为一般化的 C-D 生产函数。

第二，假定企业的员工（劳动力）数量的增长率固定不变，有 $\dot{L}(t) = nL(t)$，$n \geq 0$。

第三，生产中有三种投入要素：资本（K）、劳动（L）和技术（A），产出为产量（Y）。劳动力中数量为 a_L 的份额用于研究与开发部门，其余 $1-a_L$ 的份额用于产品生产部门。类似地，资本存量中数量为 a_k 的份额用于研究与开发部门，其余 $1-a_k$ 的份额用于产品生产部门。

第四，a_L 和 a_k 均是内涵激进度 s2 的函数。企业采取内涵激进战略时，即 s2 提高时，企业用于研究与开发部门的资本份额 a_k 和劳动力份额 a_L 越大，即 $\dfrac{\partial a_L(s2)}{\partial s2} > 0$，$\dfrac{\partial a_k(s2)}{\partial s2} > 0$。

第五，知识具有非竞争性。一种思想或知识在一个场合的使用不会影响其在别的场合的使用，不需要考虑知识存量在两个部门之间的分割，所以两个部门都使用全部的知识存量 A。

4.2.2.2 创新内涵成长型 C-D 生产模型

新知识的生产取决于投入研究的资本和劳动的数量以及技术水平，于是新知识的生产函数为：

$$\dot{A}(t) = B[a_k(s2)K(t)]^{\beta}[a_L(s2)L(t)]^{\gamma}A(t)^{\theta}, \quad B>0, \quad \beta \geq 0, \quad \gamma \geq 0 \quad (4-3)$$

其中，B 为转移参数（转移参数用于分析决定研发是否成功的其他因素发生变化所导致的后果）。值得注意的是，新知识的生产函数式（4-3）不一定是规模报酬不变的。通常的复制论认为，生产函数的规模报酬应该至少是不变的，如果投入品翻倍，那么由于新投入品与原投入品可以发挥完全相同的作用，因此产量也会翻倍。但是，对于知识生产来说却并不是这样。一方面，完全复制既有投入会使得同样的知识被生产两遍，可见 $\dot{A}$ 不变，因此在研究和开发中可能存在规模报酬递减。另一方面，研究人员之间的相互作用、固定的基础设施成本等，在研究和开发中十分重要，以至于资本和劳动翻倍后，产量会比翻倍还多，即在研究和开发中也可能存在规模报酬递增。

参数 θ 刻画了现有知识存量对研发成功率的影响，这种影响可能是双向的。一方面，企业可以从过去的研发中得到创意和技巧，从而有利于将来取得新的发现，这使 θ 倾向于大于 1。另一方面，越简单的发现，其取得的时间可能越早，因此随着知识储备的增加，取得新的发现越来越难，这使 θ 倾向于小于 1。因为这两种影响相互冲突，因此模型没有对 θ 做出限定。如果 $\theta = 1$，$\dot{A}$ 与 A 成比例；如果 $\theta > 1$，效果要更大；如果 $\theta < 1$，则效果要更小。

4.2.2.3　内涵激进度对企业创新内涵成长的影响

为了清楚地说明内涵激进度对企业创新内涵成长的影响机理，简单起见，此处以没有资本的模型框架来进行说明，这一特殊情形不改变过程和结论的本质，即令 α 和 β 为 0，新知识的生产函数（4-3）变为：

$$A(t) = B[a_L(s2)L(t)]^\gamma A(t)^\theta, \quad B>0, \quad \gamma \geq 0 \tag{4-4}$$

首先分析 A 的动态学，A 的动态学由式（4-6）给定。A 的增长率，用 g_A 表示为：

$$g_A(t) \equiv \frac{\dot{A}(t)}{A(t)} = B[a_L(s2)]^\gamma L(t)^\gamma A(t)^{\theta-1} \tag{4-5}$$

由于 B 不变，所以 g_A 是上升、下降，还是不变就取决于 $[a_L(s2)]^\gamma$ $L(t)^\gamma A(t)^{\theta-1}$ 的行为。我们可以得到 g_A 的增长率为[①]：

---

① 先求式（4-5）对时间的微分以找到 g_a，然后根据 g_a 的定义得到式（4-6）。

$$\dot{g}_A(t) = \left[\gamma \frac{\partial a_L(s2(t))}{\partial s2(t)} \frac{\partial s2(t)}{\partial t} + \gamma n + (\theta-1)g_A(t) \right] g_A(t)$$

$$= \gamma \left[n + \frac{\partial a_L(s2(t))}{\partial s2(t)} \frac{\partial s2(t)}{\partial t} \right] g_A(t) + (\theta-1) \left[g_A(t) \right]^2 \qquad (4-6)$$

由式（4-5）可以看出，L、A 和 a_L 的初始值及本模型的诸参数决定了 g_A 的初始值，然后式（4-6）决定了 g_A 此后的行为。

知识生产函数（4-4）表明 g_A 总是为正。因此，若 $\gamma \frac{\partial a_L(s2(t))}{\partial s2(t)} \frac{\partial s2(t)}{\partial t} + \gamma n + (\theta-1)g_A(t)$ 为正，则 g_A 上升；若 $\gamma \frac{\partial a_L(s2(t))}{\partial s2(t)} \frac{\partial s2(t)}{\partial t} + \gamma n + (\theta-1)g_A(t)$ 为负，则 g_A 下降；若 $\gamma \frac{\partial a_L(s2(t))}{\partial s2(t)} \frac{\partial s2(t)}{\partial t} + \gamma n + (\theta-1)g_A(t)$ 为 0，则 g_A 不变。因此

$$当 g_A = \frac{\gamma \dfrac{\partial a_L(s2(t))}{\partial s2(t)} \dfrac{\partial s2(t)}{\partial t} + \gamma n}{1-\theta} \equiv g_A^* 时，g_A 不变。 \qquad (4-7)$$

现在来分析一下式（4-7）中 $\frac{\partial a_L(s2(t))}{\partial s2(t)} \frac{\partial s2(t)}{\partial t}$ 的符号情况，其中，$\frac{\partial a_L(s2(t))}{\partial s2(t)} > 0$。因为企业内涵激进度 s2 越高，用于研究与开发部门的劳动力数量份额 a_L 越高；关于 $\frac{\partial s2(t)}{\partial t}$ 的符号，此处可以做一个合理的假定，假定企业采取的战略类型是稳定的，也就是说走内涵式发展道路的企业会越来越重视企业内涵素质的提高，即随着时间的推移，注重内涵提升的企业内涵激进度会越大，因此有 $\frac{\partial s2(t)}{\partial t} > 0$。所以有 $\frac{\partial a_L(s2(t))}{\partial s2(t)} \frac{\partial s2(t)}{\partial t} > 0$。为进一步描述 A 的增长率的变化情况，有必要区别 $\theta < 1$、$\theta > 1$ 和 $\theta = 1$ 三种情形进行讨论。

（1）情形 1：$\theta < 1$。

$\theta < 1$ 时，新知识的生产增加的比例小于知识存量增加的比例。图 4-4 是

g_A 在 θ<1 时的相位图，即在 θ<1 的情形下将 $\dot{g}_A$ 表示为 A 的函数。由于知识的生产函数（4-4）表明 g_A 总是正数，因此图中只考虑了 g_A 为正值的情形。如图 4-4 所示，式（4-6）表明当 θ<1 时，如果 g_A 值较小，则 $\dot{g}_A>0$，如果 g_A 值较大，则 $\dot{g}_A<0$。令 g_A^* 表示使 $\dot{g}_A=0$ 时的唯一 g_A 值。根据式（4-6），g_A^* 由

$$\gamma \frac{\partial a_L(s2(t))}{\partial s2(t)} \frac{\partial s2(t)}{\partial t} + \gamma n + (\theta-1)g_A(t) \text{确定。求解可得：}$$

$$g_A^* = \frac{\gamma}{1-\theta}n + \frac{\gamma}{1-\theta} \frac{\partial a_L(s2(t))}{\partial s2(t)} \frac{\partial s2(t)}{\partial t} \tag{4-8}$$

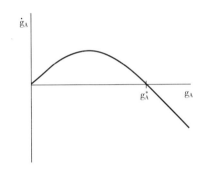

图 4-4　当 θ<1 时知识增长率的动态学

资料来源：笔者参考戴维·罗默《高级宏观经济学》（第三版）绘制。

上述分析表明，不论企业的初始条件如何，g_A 总是收敛于 g_A^*。如果参数值与 L 和 A 的初始值所确定的 $g_A(0)<g_A^*$，则 $\dot{g}_A$ 为正，这意味着 g_A 会不断增加直至达到 g_A^*；如果 $g_A(0)>g_A^*$，则 $\dot{g}_A$ 为负，这意味着 g_A 会不断下降直至达到 g_A^*；而一旦 g_A^* 被达到，A 就会按速率 g_A^* 平稳增长，此时知识处于平衡增长路径。

假如 A 最初以速率 $g_A^{*^0}$ 增长，然后企业提高内涵激进度 s2，s2 的增加使得劳动力中投入到研究与开发的比例 α_L 也增加，根据式（4-5）可知 g_A 会增加，图 4-5 中的虚线箭头路径方向即表示了这一变化。但 g_A 的增加并不能

持续，会以新的平衡增长率 $g_A^{*^1}$ 进行增长。由式（4-7）可知，$g_A^{*^1} > g_A^{*^0}$。这一过程的直观含义时，当 θ 小于 1 时，提高内涵激进度导致的新增加的知识存量能够使得知识增长率维持在较高的水平。图 4-6 总结了这一情况。

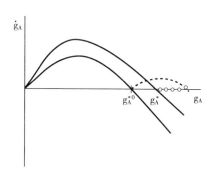

图 4-5　当 θ<1 时 s2 提高时的影响

资料来源：笔者参考戴维·罗默《高级宏观经济学》（第三版）绘制。

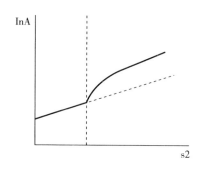

图 4-6　当 θ<1 时 s2 提高对 A 路径的影响

资料来源：笔者参考戴维·罗默《高级宏观经济学》（第三版）绘制。

（2）情形 2：θ>1。

当 θ>1 时，新知识的生产增加的比例大于知识存量增加的比例。此时，由式（4-6）可知，对于所有可能的 g_A 值（g_A 值均为正），$\dot{g}_A$ 都为正，并且 $\dot{g}_A$ 随 g_A 递增。其相位图如图 4-7 所示。

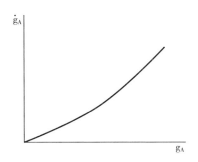

图 4-7　当 θ>1 时知识增长率的动态学

资料来源：笔者参考戴维·罗默《高级宏观经济学》（第三版）绘制。

从图 4-7 可以直观地看出，此时，知识对新知识的生产作用非常大，知识存量水平的边际增加将生产出大量新知识，从而使得知识的增长率上升。也就是说，一旦开始了知识积累，企业内涵就进入了一条增长率不断增加的路径。

当企业提高内涵激进度 s2 时，劳动力中投入到研究和开发的比例 α_L 提高。由式（4-5）可知，g_A 增加。$\dot{g}_A$ 是 g_A 的一个增函数，因此 $\dot{g}_A$ 也上升。而且 g_A 上升越快，其增长率上升也越快。因此，a_L（s2）的上升导致 A 的新旧路径之间的缺口不断扩大，即内涵激进度 s2 的上升导致 A 的新旧路径之间的缺口不断扩大。如图 4-8 所示。

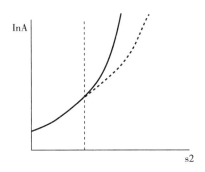

图 4-8　当 θ>1 时 s2 提高时对 A 路径的影响

资料来源：笔者参考戴维·罗默《高级宏观经济学》（第三版）绘制。

（3）情形 3：θ=1。

当 θ=1 时，现存知识的生产能力刚好使得生产出的新知识与知识存量成比例。表示 g_A 和 $\dot{g}_A$ 的式（4-5）和式（4-6）分别简化为：

$$g_A(t) = \frac{\dot{A}(t)}{A(t)} = B\left[a_L(s2)\right]^\gamma L(t)^\gamma \tag{4-9}$$

$$\dot{g}_A(t) = \left[\gamma \frac{\partial a_L(s2(t))}{\partial s2(t)} \frac{\partial s2(t)}{\partial t} + \gamma n\right] g_A(t) \tag{4-10}$$

如果企业采取内涵激进战略提高 s2，劳动力中投入到研究和开发的比例 α_L 提高，由式（4-9）和式（4-10）可知，则 g_A 和 $\dot{g}_A$ 都会增加，类似于 θ>1 时的情形，此时的相位图如图 4-9 所示。

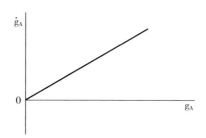

图 4-9　θ=1 时知识增长率的动态学

资料来源：笔者参考戴维·罗默《高级宏观经济学》（第三版）绘制。

综合来说，当企业采取内涵激进战略提高企业内涵激进度 s2 时，劳动力中投入到研究和开发的比例 α_L 提高，无论企业新知识的生产增加的比例大于、小于还是等于知识存量增加的比例，知识的增长率 g_A 都是上升的。

结合 4.1 和 4.2 的理论分析，在市场经济条件下，企业作为市场主体，处于激烈的市场竞争环境中。在逃离竞争效应下，企业采取内涵激进战略，进行技术创新（产品创新和过程创新），在研究与开发效用下，增加研发投入以提高技术创新能力，从而促进企业的创新内涵成长。

4.3　战略激进度对产业竞争力影响的传导路径

产业是生产和提供具有竞争或替代关系的产品或服务的企业的集合，企业是产业的构成主体。因此，产业内企业的战略激进度对企业成长的影响，最终会影响到整个产业。具体来说，在激烈的市场竞争条件下，同行业的不同企业的规模、内涵等特征均不相同，各企业根据自身情况，结合可获得的市场信息确定自身发展战略（外延激进战略和内涵激进战略）。

从外延传导路径来看，如 4.1 的分析，企业采取外延激进战略通过增加外延投入，在规模扩大效应和规模经济效应的作用下，获得外延成长，主要体现在营业收入和总资产增加两个方面，即从规模上做大企业，从而产业获得了规模上的竞争优势。具体来说，企业通过员工人数激进、固定资产投入激进、并购激进等外延激进方式，增加员工人数、机器设备投入，整合同行业或者上下游资源，在规模扩大效应的作用下，企业从而产业总产值得到增加，产业生产力和增长持续力得到提高。在规模经济效应的作用下，产品成本下降，利润率和市场占有率得到提高，产业盈利力和市场影响力得到提高。

从内涵传导路径来看，如 4.2 的分析，企业身处激烈的市场竞争环境中，在逃离竞争效应的作用下，企业采取内涵激进战略，一方面，通过研发激进战略加大研发投入，从而创新产出得以提高，企业从而产业的创新持续力得以增强，在研究与开发效应的作用下，企业的创新内涵不断成长，企业的劳动生产率、资产贡献率和全要素生产率得到提高，企业从而产业的资源配置力得以提高；另一方面，企业通过管理激进战略提高管理效率，提高利润率，企业从而产业的盈利力得以提高。

综上所述，企业采取外延激进战略，在规模上做大，企业外延规模得到成长，从而产业的生产力、盈利力、市场影响力和增长持续力得到提高，采取内涵激进战略，在内涵上做优做强，企业内涵素质得到提升，而产业的资源配置力、创新持续力得到提高。即企业战略激进度对产业竞争力的影响是以"企业"为传导介质，通过企业外延成长和企业内涵成长两条路径使得企业不断地做大做优做强，最终反映在产业竞争力上，形成了一条"战略激进度→企业成长→产业竞争力"的完整传导路径。战略激进度对产业竞争力影响的传导路径如图4-10所示。综合以上分析，提出本书的假设。

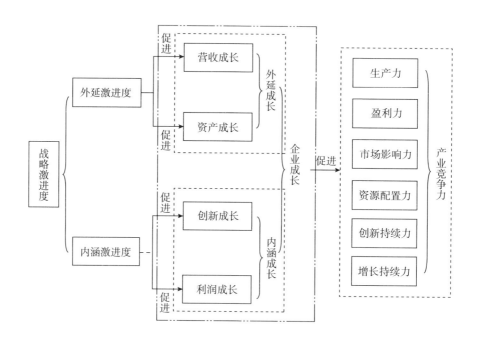

图4-10 战略激进度对产业竞争力影响的传导路径

假设1：企业战略激进度会提高产业竞争力。

假设2：企业战略激进度能够促进企业成长，从而提高产业竞争力。

假设2-1：外延激进度能够促进企业外延成长，从而提高产业竞争力。

假设2-2：内涵激进度能够促进企业内涵成长，从而提高产业竞争力。

4.4 本章小结

本章将企业战略和产业竞争力纳入统一分析框架，将战略激进度分为外延激进度和内涵激进度、企业成长分为外延成长和内涵成长，分别从外延和内涵两条路径分析了企业战略激进度是如何对产业竞争力产生影响的。

在外延路径方面，企业采取外延激进战略，在销售、员工人数、固定资产和并购方面加大投入，通过规模扩大效应和规模经济效应，促进企业外延规模成长，主要体现在营业收入和资产成长两个方面，从而产业竞争力得到提高。在内涵路径方面，企业采取内涵激进战略，在逃离竞争效应的作用下，加大研发投入，进行技术创新，获得创新成长，在研究与开发效应的作用下，通过产品创新和过程创新，降低企业成本或者提高产品质量，获得利润成长，从而产业竞争力得到提高。

企业采取外延激进方式做大企业规模，采用内涵激进方式做优做强企业内涵素质，最终体现为产业竞争力的提高，形成了一条"战略激进度→企业成长→产业竞争力"的完整传导路径。最后，在理论分析的基础上，提出本书的研究假设。

第5章 战略激进度对产业竞争力影响的实证检验

第4章的理论分析认为，企业战略激进度能够提高产业竞争力，因此为检验假设1，本章结合第2章企业战略激进度和产业竞争力的指标，进行实证检验。

5.1 变量选择和模型设定

5.1.1 变量选择

根据前文的理论分析，结合数据可得性，本书主要选取的变量如下：

5.1.1.1 被解释变量

本节主要考察的是企业战略激进度对产业竞争力的影响，因此，选择产业竞争力（comp）作为被解释变量。本书中产业竞争力是一个复合指标，其指标体系的构建和计算详见2.4部分。

5.1.1.2 解释变量

解释变量是战略激进度（stra）。战略激进度的指标构建和测算详见2.2部分。

5.1.1.3 控制变量

影响产业竞争力的因素很多,为了更准确地度量企业成长对产业竞争力的影响,应尽可能多地控制住影响产业竞争力的其他因素。在梳理产业竞争力的各类影响因素[①]之后,本书选择的控制变量共有三类,具体如下:

第一类为资源条件因素。①经济发展水平(gdpg)。经济发展水平较高的国家或地区更愿意进行基础研究和科技创新,更容易吸引创新人才和技术人才等资源。本书采用国内生产总值增速,衡量地区经济发展水平。②交通基础设施水平(tran)。新地理经济学理论认为,交通基础设施水平高的地区产业竞争力更强,更快的生产要素流动速度能够更快地降低生产成本(罗良文和赵凡,2021)。本书采用企业注册所在地城市公路里程、铁路里程、内河航道里程与城市面积之比来衡量。③环境规制(envir)。环境规制已经成为产业竞争力的重要影响因素(王文普,2013;徐敏燕和左和平,2013;余东华和孙婷,2017)。制造业的迅速发展给人类社会带来了空前的物质文明,同时也极大地破坏了自然环境。已有数据统计,70%的环境污染物来源于制造业[②]。本章借鉴罗良文和赵凡(2021)的做法,采用相对环境规制强度指标(环境治理投资占全国环境治理投资之比)来衡量环境规制强度。④人口红利(hr)。中国制造业在改革开放后的崛起主要得益于"人口红利"(于明远和范爱军,2016)。借鉴通常做法,本书"人口红利"的计算公式为:(0~14岁人数+65岁及以上人数)/行业中15~64岁人数。

第二类为产业组织结构因素。产业结构高级化程度(ts)。产业结构的优化有利于产业竞争力的提高(罗良文和赵凡,2021)。自2010年我国超越日本成为世界第二大经济体以来,我国逐渐失去人口红利优势,过去依靠低成本的制造业竞争力优势已不可持续。近十多年来,世界各国在制造业领域的争锋聚焦于高新技术产业。已有研究衡量产业结构时,大多采用第二产业增加值占地区生产总值之比或者第三产业增加值与第二产业增加值之比表示。

---

① 具体参见 1.3 文献综述部分。

② 佚名 . 70%环境污染来自制造业,绿色切削成为现代制造业大势所需 [EB/OL] . (2019-09-06)[2022-07-12] . https://www.sohu.com/a/339203197_120236898.

本书使用制造业中高技术产业产值与制造业增加值之比来衡量，这样能更好地衡量制造业自身的产业结构高级化程度。

第三类为政府因素。①市场化程度（market）。竞争越自由的市场，越有利于产业的发展以及竞争优势的培育（徐敏燕和左和平，2013），本书中市场化程度用地区规模以上非国有工业企业工业总产值占比来表示。②外商投资水平（fdi）。外商投资能够通过技术溢出（Johansson 和 Nilsson，1997）、产业集聚（周材荣，2016）、资源流出效应（刘厚俊和刘正良，2006）等路径增强中国制造业国际竞争力。本书中外商投资水平用实际利用外资金额与地区生产总值之比来表示。③政府参与和扶持力度（govsu）。政府的支持力度对产业的发展起到了举足轻重的作用。徐远华和孙早（2015）认为政府产业政策激励与高技术产业竞争力之间存在显著的正相关关系。本书用地区财政一般公共预算支出中科学技术支出与地区生产总值之比作为政府参与和扶持力度的代理变量。

上述各主要变量定义与说明如表5-1所示。

表5-1 主要变量定义与说明

变量类型	变量名称	指标说明		数据来源
被解释变量	产业竞争力	计算方法见产业竞争力指标体系构建部分		联合国商品贸易统计数据库（UN Comtrade）数据库等、国泰安（CSMAR）数据库
解释变量	战略激进度	计算方法见第3章		国泰安（CMSAR）数据库
控制变量	资源条件	经济发展水平（gdpg）	GDP 增长率	《中国城市统计年鉴》和《中国统计年鉴》
		交通基础设施（tran）	公路里程、铁路里程、内河航道里程与地区面积之比	
		环境规制强度（envir）	环境治理投资占全国环境治理投资之比	
		人口红利（hr）	（0~14岁人数+65岁及以上人数）/15~64岁人数	
	产业组织结构	产业结构高级化程度（ts）	高新技术制造业产值占制造业总产值之比	《中国高技术产业统计年鉴》和《中国统计年鉴》

续表

变量类型	变量名称	指标说明	数据来源
控制 变量	政府因素	市场化程度 （market）：地区规模以上非国有工业企业工业总产值占比	《中国城市统计年鉴》和《国民经济和社会发展统计公报》
		外商投资水平 （fdi）：采用实际利用外资金额与地区生产总值的比率来表示（按当年人民币对美元平均汇率折算）	
		政府参与和扶持力度 （govsu）：地区财政一般公共预算支出中科学技术支出与地区生产总值之比	

5.1.2　模型设定

为研究战略激进度对产业竞争力的影响，根据 4.1 的理论分析，结合影响产业竞争力的基本因素，借鉴已有研究（徐敏燕和左和平，2013），本章设定如下基础回归模型：

$$comp_{y,t}=\alpha_0+\alpha_1 stra_{i,t}+\alpha_c controls+indust+year+\varepsilon \tag{5-1}$$

模型（5-1）中，y 表示行业；i 表示企业；t 表示时期；$comp_{y,t}$ 表示 t 时期 y 行业的产业竞争力；$stra_{i,t}$ 表示 t 时期企业 i 的战略激进度，$stra_{i,t}$ 数值越大表示企业战略激进度越高，越倾向于采取进攻型战略；controls 表示控制变量，包括资源条件因素、产业组织结构因素和政府因素三类，详见前述控制变量部分；indust 表示行业控制变量，控制不同行业特征给产业竞争力带来的影响；year 表示时间控制变量，表示由于时间共同趋势给产业竞争力带来的影响；ε 表示随机误差项。

5.2 数据说明和描述性统计

5.2.1 数据来源与说明

本部分涉及企业、行业和城市三个方面的数据。第一，企业方面的数据。企业方面的数据用来度量战略激进度，数据来源于国泰安（CSMAR）数据库。第二，行业方面的数据。行业方面的数据用来度量产业竞争力，数据来源于《中国统计年鉴》、《中国科技统计年鉴》和联合国商品贸易统计数据库（UN Comtrade）。第三，省份和城市方面的数据。省份城市方面的数据用来度量企业注册所在地城市或省份层面的控制变量，数据来源于各年《中国城市统计年鉴》、《中国高技术产业统计年鉴》和《中国统计年鉴》。

本部分选取 2011~2020 年中国沪深 A 股上市公司为研究样本。数据选取自 2011 年开始是为了保证数据的可得性和一致性①。依照通常的做法，对初始样本进行如下筛选：①剔除 ST、PT 和退市整理期的样本。②剔除数据异常和战略激进度构成变量五年内缺失较多的样本。③剔除上市年限不足五年的样本。本章最终保留了 15810 条"公司—年份"观测值。按照通常的做法，为消除异常值对实证结果的影响，对所有连续变量进行上下 1% 的缩尾处理。

5.2.2 描述性统计

对主要变量进行描述性统计，结果如表 5-2 所示。从中可以看出，产业竞争力（comp）的平均值为 0.450，最大值和最小值分别为 1.980 和 -0.980；

---

① 2010 年 9 月 6 日，国务院印发《国务院关于促进企业兼并重组的意见》（国发〔2010〕27号），势必给企业间兼并重组带来深刻的影响。因并购是构成战略激进度七个单维度指标之一，考虑到政策的影响，把样本数据开始时间选择为 2011 年。

战略激进度（stra）的平均值为 21.186，最大值和最小值分别为 34.000 和 8.000。可以看出，各产业间竞争力和各企业间战略激进度均存在比较大的差别，这与我国企业和行业发展的现实情况相符合。其他变量的统计结果均在合理范围内。

表5-2 主要变量的描述性统计分析　　　　　　　　　单位：%

变量类别	变量名称	最小值	最大值	平均值	标准差	样本数
被解释变量	comp	−0.980	1.980	0.450	0.490	15810
解释变量	stra	8.000	34.000	21.186	3.942	15810
	straw	5.000	25.000	15.050	2.952	15810
	stran	1.000	5.000	3.074	1.395	15810
控制变量	gdpg	−46.871	61.457	10.057	9.178	15810
	tran	1.925	2643.971	153.026	253.551	15810
	envir	0.008	0.048	0.028	0.010	15810
	hr	19.270	57.790	37.400	7.176	15810
	ts	0.0593	155.889	35.713	31.099	15810
	market	16.452	90.411	63.815	17.763	15810
	fdi	0.000	11.941	1.804	1.717	15810
	govsu	0.003	6.031	0.332	0.461	15810

5.3 实证结果和分析

利用 2011~2020 年中国沪深 A 股制造业上市公司企业数据、各行业和城市面板数据，应用 Stata13 软件，采用模型（5-1）实证分析企业战略激进度对产业竞争力的影响。按照通常的做法，为使回归结果更加稳健，对回归系数标准误在企业层面进行了聚类（cluster）处理；为消除异常值的影响，对所有连续变量在 1% 的水平上进行了 Winsorize 缩尾处理。

战略激进度、企业成长与产业竞争力

5.3.1 基准回归

战略激进度对产业竞争力影响的回归结果如表 5-3 所示。其中列（1）和列（2）是战略激进度对产业竞争力的回归结果，从中可以看出，无论是否添加控制变量，解释变量战略激进度（stra）的回归系数符号均为正，均在 5% 的显著性水平上显著，表明战略激进度对产业竞争力产生了正效应，即企业战略激进度正向促进了产业竞争力的提高，行业内企业战略激进度越高则该行业的竞争力越强。假设 1 得到了验证，体现了上市公司对产业的引领和带动作用，也为我国建立多层次资本市场，鼓励有条件的企业上市提供了经验支持，也说明企业想要获得良好的发展、促进产业竞争力，在战略上进行规划是一条可行的路径。

表 5-3　战略激进度对产业竞争力影响的回归结果

变量名称	（1） comp	（2） comp
stra	0.002** (2.01)	0.002** (2.02)
gdpg	—	0.059*** (3.30)
tran	—	0.147*** (3.52)
envir	—	0.780*** (3.69)
hr	—	2.80*** (3.33)
ts	—	0.003*** (4.03)
market	—	0.387*** (5.31)
fdi	—	0.003*** (3.17)

续表

变量名称	(1) comp	(2) comp
govsu	—	0.016*** (2.86)
年份	控制	控制
行业	控制	控制
样本量	15810	15810
调整后的 R^2	0.251	0.262

注：括号内为 t 值；*、** 和 *** 分别表示 10%、5% 和 1% 的显著性水平。

控制变量中，表示资源条件的经济发展水平（gdpg）、交通基础设施（tran）、人口红利（hr）、环境规制强度（envir）的回归系数符号为正，且均在 1% 的显著性水平上显著，说明了经济发展水平越高、交通基础设施越完善、人口红利越大、环境规制程度越高对产业竞争力的促进作用越强。

表示产业组织结构的高级化程度（ts）的回归结果符号为正，且在 1% 的显著性水平上显著，表明制造业产业结构越高级，产业竞争力越强。这反映出我国在高科技产业方面的产业竞争力还不强，需要加快攻克核心关键技术。

表示政府因素的市场化程度（market）、外商投资水平（fdi）和政府参与和扶持力度（govsu）的回归系数符号均为正，且均在 1% 的显著性水平上显著，表明政府因素对制造业产业竞争力的提高发挥了显著的促进作用。环境规制对制造业产业竞争力产生了倒逼作用；外商投资促进了我国制造业产业竞争力的提高；政府参与和扶持力度显著促进了产业竞争力的提高，说明政府引导在制造业发展过程中发挥了积极的作用。

5.3.2 分维度回归

前文得到了战略激进度对产业竞争力的影响，为了做出更为细致的研究，本部分深入到战略激进度内部，实证分析分维度战略激进度对产业竞争力的影响。首先，实证分析外延激进度和内涵激进度对产业竞争力的影响；其次，进一步实证分析每个单维度战略激进度对产业竞争力的影响。同样应用 Stata13 软件，采用模型（5-1）进行回归。回归结果如表 5-4 所示。

表 5-4　分维度战略激进度对产业竞争力影响的回归结果

变量名称	(1) comp	(2) comp	(3) comp	(4) comp	(5) comp	(6) comp	(7) comp	(8) comp	(9) comp
straw	0.001** (2.13)	—	—	—	—	—	—	—	—
stran	—	0.006** (2.19)	—	—	—	—	—	—	—
yftr	—	—	0.006*** (3.88)	—	—	—	—	—	—
glqd	—	—	—	-0.000*** (-4.98)	—	—	—	—	—
cwgg	—	—	—	—	0.007*** (5.72)	—	—	—	—
xstr	—	—	—	—	—	-0.0124*** (-6.87)	—	—	—
ygbd	—	—	—	—	—	—	0.001 (1.28)	—	—
gdzctr	—	—	—	—	—	—	—	-0.003** (-2.30)	—
bg	—	—	—	—	—	—	—	—	0.004* (1.85)
控制变量	控制	控制	控制	控制	控制	控制	控制	控制	控制
行业	控制	控制	控制	控制	控制	控制	控制	控制	控制
年份	控制	控制	控制	控制	控制	控制	控制	控制	控制
样本量	15810	15810	15810	15810	15810	15810	15810	15810	15810
调整后的 R^2	0.272	0.289	0.254	0.254	0.256	0.255	0.253	0.253	0.252

注：括号内为 t 值；*、**和***分别表示10%、5%和1%的显著性水平。

由表 5-4 可知，列（1）和列（2）分别是外延激进度和内涵激进度对产业竞争力的回归结果。列（3）至列（9）分别是研发投入激进度、管理激进度、财务杠杆激进度、销售投入激进度、员工人数激进度、固定资产投入激进度和并购激进度的回归结果。

　　在列（1）和列（2）中，外延激进度（straw）和内涵激进度（stran）的回归系数均为正且均在 5% 的水平上显著，说明外延激进度和内涵激进度的提高都显著促进了产业竞争力的提升。企业作为微观个体，"量"上的扩大和"质"上的提升，都能够促进总量层面产业竞争力的提高。

　　在列（3）中，研发投入激进度（yftr）的回归系数为正且在 1% 的水平上显著，说明研发投入正向促进了产业竞争力的提高，行业内企业在研发方面投入的越多，该行业的竞争力会越大。这也与已有研究相一致（徐敏燕和左和平，2013；汪芳和夏湾，2019）。

　　在列（4）、列（6）和列（8）中，管理激进度（glqd）、销售投入激进度（xstr）和固定资产投入激进度（gdzctr）的回归系数符号均为负，且均在 5% 及以上的水平上显著。前文 2.2 部分说明了管理激进度、固定资产投入激进度的值越小，管理效率和固定资产使用效率越高，因而管理激进度和固定资产投入激进度越高，产业竞争力越强；销售激进度对产业竞争力的回归系数为负，说明销售激进度对产业竞争力产生了负向抑制作用，即平均来看企业在销售方面投入越多反而抑制了产业竞争力的提高。原因可能是如今我国物质极其丰富，随着国民素质的提高和信息获取的便捷，20 世纪八九十年代那种一条广告造就一个品牌和一个产品的粗放式营销时代早已过去。这也提醒了企业要注重销售形式和提高销售效率，要转变营销观念。

　　在列（5）中，财务杠杆激进度（cwgg）的回归系数符号为正，在 1% 的水平上显著，说明加大财务杠杆激进度显著促进了产业竞争力的提高。企业如果要扩大规模、加强研发都需要大量资金投入，自身的资金是远远不够的，大多需要融资，加大财务杠杆能够获取更多融资更好地把企业做大做优做强，从而提高产业竞争力。

　　在列（7）中，员工波动程度激进度（ygbd）的回归结果没有通过显著性检验，说明企业员工人数的变化对产业竞争力没有产生显著的影响。这可能是因为在制造业转型升级背景下，加上制造业的用工荒，越来越多制造业企业采取机器替代人战略，员工数量可能已经不是决定产业竞争力的关键因素。

在列（9）中，并购激进度（bg）的回归系数符号均为正，在10%的水平上显著，说明并购促进了产业竞争力的提高，即企业积极采取并购战略能够提高所在行业的竞争力。激烈的市场竞争环境中，成功的并购能够迅速增强企业的规模和实力，实现行业整合和布局调整优化，提高产业竞争力。

5.3.3 调节效应分析

Schriesheim 等（1984）、Baron 和 Kenny（1986）认为，解释变量 X 与被解释变量 Y 的关系会受到某些重要因素的影响，这种影响可能会改变解释变量 X 与被解释变量 Y 关系的强弱，甚至方向，即这些重要因素对解释变量 X 与被解释变量 Y 间的关系起到了调节作用，起到调节作用的变量就被称作为调节变量 M。可以看出，被解释变量 Y 与解释变量 X 之间的关系是调节变量 M 的函数。

由表 5-3 的基准回归结果可知，被解释变量产业竞争力与解释变量战略激进度间是线性关系，通常把线性调节模型的形式设定为 $Y = aX + bM + cX \times M + \varepsilon$。其中，$X \times M$ 为解释变量 X 与调节变量 M 的交互项，表示调节效应，c 为衡量调节效应方向和大小的回归系数。当主效应解释变量 X 的回归系数 a 显著为正时，如果回归系数 c 符号为正且在10%及以上的显著性水平上显著，则表示调节变量 M 对解释变量 X 与被解释变量 Y 间的关系发生了正向调节作用，M 会促进解释变量 X 对被解释变量 Y 的影响，反之则反是。

本章构建线性调节效应模型如下：

$$comp_{y,t} = \alpha_0 + \alpha_1 stra_{i,t} + \alpha_2 regu_{i,t} + \alpha_3 stra_{i,t} \times regu_{i,t} + \alpha_c controls + indust + year + \varepsilon$$

$$(5-2)$$

其中，i 表示企业；y 表示行业；t 表示时期；$comp_{y,t}$ 表示行业 y 在 t 时期的产业竞争力；$stra_{i,t}$ 表示 i 企业 t 期的战略激进度；controls 表示 t 时期影响产业竞争力的其他因素；indust 表示行业控制变量，控制不同行业特征给产业竞争力带来的影响；year 表示时间控制变量，表示由于时间共同趋势给产业竞争力带来的影响；ε 表示随机误差项。

本章选择能够直接影响企业生产经营且属于政府宏观调控范围的融资约束（finres）、行业竞争（indc）和绿色发展水平（green）三个重要因素作为调节变量，实证分析其对战略激进度与产业竞争力关系的调节效应，深化对战略激进度与产业竞争力关系认识的同时，为政府制定提高产业竞争力的政策提供参考。

5.3.3.1　融资约束（finres）的调节效应分析

资金对产业发展的重要性不言而喻，已有很多实证研究表明无论是发达国家还是发展中国家，融资约束都是各国企业都要面临的普遍问题（Kashyap 等，1994；Benito，2005；Cull 等，2007）。当融资约束较大时可能导致企业出现"融资约束风险"（Whited 和 Wu，2006）。企业采取激进战略，无论是扩大外延规模还是提升内涵素质，都离不开大量资金的支持，都需要融资。现实中，各地政府为支持属地产业发展已经设立了各类产业发展基金，以带动社会资本，发挥引导产业发展的财政资金杠杆作用。一般来说，企业融资通常有两种渠道：一种渠道是内源融资，即用企业自身的自由现金流；另一种渠道是外源融资，比如银行贷款、债券融资等。融资约束通常指的是外源融资约束，即企业得到外源性资金支持的难易程度。

当融资约束大时，此时企业身处紧缩的融资环境，企业会降低持续获得融资的预期，认为未来比较长的时间内企业很难获得外源性资金，因而会谨慎地控制战略激进程度，控制投入规模和研发安排。反之，当融资约束小时，企业身处宽松的融资环境，对获得持续融资充满着乐观预期，认为未来一段时间企业能够持续获得外源性资金，于是可能加大战略激进度，扩大企业规模和加大研发投入。因而融资约束能够调节战略激进度对产业竞争力的影响程度。本章预期融资约束可能会抑制战略激进度与产业竞争力的正向关系。

企业融资约束的测度指标有很多种。Kaplan 和 Zingales（1997）最早对融资约束进行定量测度，其度量方法是先根据有限样本内企业的财务状况，定性划分企业融资约束程度，然后刻画出融资约束程度与反映企业特征的变量之间的数量关系，即融资约束指数。将此指数应用到更大样本，计算出大样本中每个企业的融资约束指数，据此判断企业的相对融资约束程度。这样测度的指标只能反映出一组样本企业的相对融资约束程度，并不是衡量融资约束的绝对指标。Lamont 和 Polk（2001）采用 KZ 指数，Hadlock 和 Pierce（2010）、赵伟和卢侃（2021）、钱雪松和方胜（2021）采用 SA 指数，Whited 和 Wu（2006）采用 WW 指数表示融资约束。卢盛峰和陈思霞（2017）分别采用 SA 指数、应收账款占销售额比例和债务融资成本三个指标来度量企业的融资约束状况。于洪霞等（2011）采用企业应收账款相对占比，作为度量企业面临融资约束的代理变量。江静（2014）从银行信贷、商业信用和政府补贴三个角度对企业融资约束进行考察，分别用利息支出、应收账款和补贴收入表示各角度融资约束。本章借鉴已有研究（鞠晓生等，2013；窦欢等，2014），认同 SA 指数是衡量我国企业融资约束程度的较好指标，尤其是其没有包含有内生性特征的融资变量、数据易得且易于计算，选取了被 SA 指数作为反映企业融资约束的指标。SA 指数是按照 KZ 指数的方法，依据企业财务报告划分企业融资约束类型，使用企业规模和企业年龄两个随时间变化不大且具有很强外生性的变量构建，克服了大部分方法依赖于具有内生性的财务指标而非直接与融资约束产生关联的弊端，能较好地描述融资约束特征的长期性[①]。根据 Hadlock 和 Pierce（2010）的设计，融资约束 SA 的具体计算公式为：

$$SA = -0.737 \times size + 0.043 \times size^2 - 0.040 \times age \qquad (5-3)$$

本章按照鞠晓生等（2013）的做法，size 用百万级别总资产表示，age 用样本企业成立年限表示。考虑到结果的可读性，把 SA 的值取正数，SA 数值越大表示融资约束越大。模型（5-2）的实证回归结果如表 5-5 中列（1）和列（2）所示。

---

① 这样计算得到的 SA 指数为负。

表 5-5　战略激进度对产业竞争力影响的调节效应回归结果

变量名称	（1）comp	（2）comp	（3）comp	（4）comp	（5）comp	（6）comp
stra	0.010* (1.68)	0.010* (1.68)	0.083*** (7.91)	0.004*** (2.68)	0.003** (2.38)	0.003*** (2.63)
finres	−0.141* (−1.68)	−0.146* (−1.69)	—	—	—	—
stra×finres	−0.002* (−1.69)	−0.002* (−1.69)	—	—	—	—
HHI	—	—	18.08*** (16.65)	0.121*** (5.86)	—	—
stra×HHI	—	—	0.392*** (7.75)	0.002*** (2.63)	—	—
green	—	—	—	—	0.044 (0.66)	0.024 (0.36)
stra×green	—	—	—	—	0.007*** (3.08)	0.008*** (3.38)
控制变量	不控制	控制	控制	控制	不控制	控制
行业	控制	控制	控制	控制	控制	控制
年份	控制	控制	控制	控制	控制	控制
样本量	15810	15810	15810	15810	13660	13660
调整后的 R^2	0.213	0.215	0.267	0.124	0.195	0.196

注：括号内为 t 值；*、**和***分别表示 10%、5% 和 1% 的显著性水平。

　　列（1）不控制控制变量，列（2）控制控制变量。可以看出，无论是否控制控制变量，战略激进度（stra）的回归系数符号均为正，且均在 10% 的水平上显著；融资约束（finres）的回归系数符号均为负，均在 10% 的水平上显著，说明融资约束越小，产业竞争力越大，这与已有研究一致（吕越等，2016）；而战略激进度与企业融资约束的交乘项（stra×finres）的回归系数符号均为负，均在 10% 的水平上显著，这意味着在加入战略激进度与融资约束的交叉项后，战略激进度依然能够显著地促进产业竞争力的提高，而融资约束作为调节变量减弱了这一促进作用。

5.3.3.2　行业竞争（indc）的调节效应分析

随着我国市场经济的日趋完善，行业竞争趋于剧烈。目前，除了关系国计民生、国家安全的行业外，其他行业都陆续开放了竞争。通常竞争性较高的行业技术壁垒较低（孙洁和殷方圆，2020），假定企业成功研发出新产品并投入市场，同行竞争对手模仿和复制能力较强，企业的研发成果很快就会被竞争对手模仿和复制，整个行业迅速发展壮大，有利于产业竞争力的提高。

一方面，较大的行业竞争可能会加剧战略激进度与产业竞争力的正向关系。当行业竞争程度大时，激烈的市场竞争环境可能会迫使企业采取更主动的行为实施更为激进的战略，如扩大生产规模、兼并收购或者采取新的经营模式等以取得市场优势，进行新产品研发和提高管理效率以获取长期竞争优势（Deephouse，1999）。另一方面，较小的行业竞争可能会削弱战略激进度与产业竞争力的正向关系。当行业竞争程度小时，比如企业处于垄断市场结构，行业垄断程度越高，垄断企业就越没有创新动力（贾军和魏雅青，2019）。因此，本章预期行业竞争可能会强化战略激进度与产业竞争力之间的正向关系。

迄今为止，学术界还没有一个公认的行业竞争程度度量指标。目前，经济学术界代表性研究中大多使用赫芬达尔指数（HHI）来度量（Haushalter等，2007；韩忠雪和周婷婷，2011），政府管制部门进行行业管制时也需要参考赫芬达尔指数。赫芬达尔指数（HHI）的计算公式为：

$$HHI = \sum_{i=1}^{N} \left(\frac{X_i}{X} \right)^2 \tag{5-4}$$

其中，N 表示行业内公司数量。对于式（5-4）中 X 指标的选择，目前主要有两种：第一种基于企业主营业务利润率的标准差（陈志斌和王诗雨，2015）。标准差越大表示行业内企业间的差别越大，行业竞争程度越小；反之，标准差越小表示行业内企业的差别越小相似度越高，行业竞争程度越大。第二种基于企业营业收入（徐虹等，2015；孙洁和殷方圆，2020），此时赫芬达尔指数即为行业内各企业主营业务收入占行业主营业务收入比重的平方和。

从式（5-4）可以看出，HHI 是一个反向指标，其数值越小，表明行业竞争程度越大；HHI 数值越大，表明行业竞争程度越小。反之，当行业内只有一个企业时，HHI 值为 1，市场结构属于完全垄断。为方便回归结果的可理解性，借鉴孙洁和殷方圆（2020）的做法，对 HHI 取负值，这样，对 HHI 经济意义的解读就符合人们通常的习惯，HHI 数值越大表示行业竞争程度越高。本书采用中国证监会行业分类标准的前两位代码划分行业，分别采用企业主营业务利润率的标准差和主营业务收入来度量行业竞争程度。行业竞争程度调节效应的实证结果如表 5-5 中列（3）和列（4）所示。

列（3）和列（4）均控制了控制变量。从列（3）和列（4）中可以看出，战略激进度（stra）的回归系数符号均为正，且均在 1% 的水平上显著；行业竞争（HHI）的回归系数符号均为正，且均在 1% 的水平上显著；战略激进度与行业竞争的交乘项（stra×HHI）的回归系数符号均为正，且均在 1% 的水平上显著，表明行业竞争强化了战略激进度对产业竞争力的影响，即行业竞争对战略激进度与产业竞争力之间的关系起到了显著的促进作用。

5.3.3.3　绿色发展水平的调节效应分析（green）

绿色发展理念是党的十八届五中全会提出的五大发展理念之一，写进了"十三五"规划，是"十三五"时期我国经济社会发展的基本理念。改革开放以来，中国依靠低廉的劳动力成本和宽松的环境成本，承接了西方发达国家的制造业产业转移，2001 年首次被称为"世界工厂"。之后的十多年时间里，依靠制造业的发展，中国国内生产总值（GDP）于 2010 年超过日本，成为世界第二大经济体。但是，中国粗放的"三高"（高投入、高消耗、高污染）经济发展模式，对自然资源环境造成了极大的破坏，已经威胁到了中国经济的可持续发展，成为我国制造业发展的制约因素。综合世界银行、中科院和国家环保总局的测算，在我国所有环境污染的排放物中，70% 来源于制造业[①]。我国制造业转型升级，走绿色发展道路刻不容缓。"十三五"规划中

---

① 刘锟．制造业大国如何摆脱粗放的"三高"模式？［EB/OL］．（2016-04-18）［2022-07-15］．https：//www.shobserver.com/news/detail? id＝14708.

明确要求坚持绿色富国、绿色惠民，为人民提供更多优质生态产品，推动形成绿色发展方式和生活方式，协同推进人民富裕、国家富强、中国美丽。

绿色发展水平可能负向调节战略激进度与产业竞争力之间的关系，即绿色发展水平可能削弱战略激进度与产业竞争力之间的正向关系。在绿色发展水平高的地区，对环境保护更为重视，对制造业企业污染物的排放标准更高，对环境管控更为严格，不利于产业竞争力的提高（Simposn 和 Bradford，1996；Jaffe 和 Palmer，1997）。一方面，对存量企业来说，为符合高环保标准，企业要对生产环境、流程等进行整改，结果是成本增加，产量减少；另一方面，高环保要求会阻止新企业的进入。这种情况下，企业从而产业的规模发展就会受到限制，不利于产业竞争力的提高。

绿色发展水平也可能正向调节战略激进度与产业竞争力之间的关系，即绿色发展水平可能加剧战略激进度与产业竞争力之间的正向关系。企业是具有能动性的市场主体，地区对绿色发展水平的要求也可能会倒逼企业进行技术创新和产品升级（Sartzetakis 和 Constantatos，1995；Eliste 和 Fredriksson，1999；Slater 和 Angel，2000；徐佳和崔静波，2020），迫使企业采取新技术、新工艺，生产绿色产品，降低环境污染程度。这种情况下，行业的技术水平，产品绿色化程度都会得到提升，绿色发展水平对战略激进度与产业竞争力之间的关系就会起到正向调节作用。

本章的绿色发展水平采用经济增长绿化度指数表示①。经济增长绿化度指数越高，表示地区绿色发展水平越高。因为经济增长绿化度指数没有 2020 年的数据，因此采用 2011～2019 年的数据进行绿色发展水平的调节效应分析。实证结果如表 5-5 中列（5）和列（6）所示。

列（5）不控制控制变量，列（6）控制控制变量。可以看出，无论是否控制住控制变量，战略激进度（stra）的回归系数符号均为正，且均在 10% 及以上水平上显著；战略激进度与绿色发展水平的交乘项（stra×green）的回归系数符号均为正，且均在 1% 的水平上显著，表明绿色发展水平对战略激

---

① 北京师范大学经济与资源管理研究院、西南财经大学发展研究院、国家统计局中国经济景气监测中心共同发布的《中国绿色发展指数报告：区域比较》（2011—2019 年）。

进度与产业竞争力之间的关系具有显著的正向调节作用，即具有显著的促进作用。这与近些年来学者的研究中得到的环境规制会倒逼产业竞争力提高的研究结果相一致（徐敏燕和左和平，2013；王文普；2013），说明了适当的环境规制有利于产业竞争力的提高。

5.3.4　异质性分析

通过 5.3.1 部分的实证分析可知，企业战略激进度正向促进了产业竞争力的提高。那么进一步地，对于处在产业生命周期不同阶段的企业、不同规模的企业和不同生产要素密集度的企业，采取激进战略时对产业竞争力发挥的作用是不是会不一样呢？接下来本部分将对这个问题进行考察。同样应用 Stata13 软件，采用模型（5-1）进行分样本检验。

5.3.4.1　区分产业生命周期不同阶段的实证结果与分析

企业所处的产业生命周期阶段决定了其市场增长潜力，会直接影响企业的战略选择（邢斐等，2022）。Maksimovic 和 Phillips（2008）根据生命周期将产业划分为成长型、整合型、变革型和衰退型四种产业周期。他们认为，在成长型产业中，企业不仅面临较多的投资和增长机会，而且由于产业发展空间较大，潜在市场进入者会不断涌入，因而成长型产业中的企业面临激烈的市场竞争（刘刚和于晓东，2015）。此时，在位企业需要执行激进的战略，不仅通过扩大生产规模以把握增长机会，还会通过提高产品差异化程度或者对自身进行技术升级，以迅速开拓市场并抢占市场先机。在整合型产业中，尽管产业仍处于持续增长状态，但市场份额主要被通过前期激烈市场竞争而崛起的垄断型大企业所占据，所以新进入企业大幅减少，由于市场竞争格局较为稳固，在位企业倾向于更稳健的战略以维持市场地位。在变革型产业中，新进入者数量持续增加，但企业的销售增长速度缓慢且潜在的增长空间尚未显现，此时企业倾向于采取稳健的战略以等待产业机会。而在衰退型产业中，整个产业的市场需求趋向于萎缩且销售额增长速度趋向于下降，产业中企业数量逐渐减少，多数企业进入发展停滞的状态甚至退出市场，为应对产业危机，企业可能会选择更为保守的战略。因此，对处于不同产业生命周期中的企业战略激进度对产业竞争力的影响进行实证分析，有利于深化对企业战略激进度的认识，为企业制定战略提供参考。

本书产业生命周期不同阶段的划分方法是参考邢斐等（2022）的做法，计算产业在 2011~2020 年的总销售额增长率和企业数量增长率，如果两者的增长率均高于产业中位数水平，则归为成长型产业；如果前者高于产业中位数水平但后者低于产业中位数水平，则归为整合型产业；如果前者低于产业中位数水平但后者高于产业中位数水平，则归为变革型产业；如果两者均低于产业中位数水平，则归为衰退型产业。其中，产业销售额增长率采用企业实际总产值的增长率来衡量。具体实证结果如表 5-6 所示。

表 5-6　区分产业生命周期不同阶段的实证结果

变量名称	成长型产业 (1) comp	变革型产业 (2) comp	整合型产业 (3) comp	衰退型产业 (4) comp
stra	0.003** (2.25)	0.000 (0.44)	0.001 (0.71)	0.001 (0.89)
控制变量	控制	控制	控制	控制
行业	控制	控制	控制	控制
年份	控制	控制	控制	控制
样本量	9255	537	1571	4447
调整后的 R2	0.294	0.283	0.270	0.253

注：括号内为 t 值；*、** 和 *** 分别表示 10%、5% 和 1% 的显著性水平。

列（1）至列（4）分别是成长型产业、变革型产业、整合型产业和衰退型产业中企业战略激进度对产业竞争力影响的回归结果。可以看出，只有列（1）的回归系数符号为正，且在 5% 的显著性水平上显著，列（2）至列（4）的回归系数虽然符号均为正，但没有通过显著性水平检验，说明变革型产业、整合型产业和衰退型产业中企业战略激进度对产业竞争力没有起到显著的促进作用，只有在成长型产业中，企业战略激进度才显著促进了产业竞争力的提高。这也为我国制造业产业升级战略提供了数据支持，我国制造业只有向中高端迈进，扩大产业的成长空间，产业中企业采取进攻型战略，才会取得比较好的效果。

5.3.4.2　区分不同企业规模的实证结果与分析

企业根据规模标准，可以分为大企业和中小企业。大企业是国民经济的支柱，中小企业是肌肉，两者构成有机联系的整体。不同规模企业在产品市场占有率、品牌影响力、资金实力、政府重视程度等方面都存在着显著差异，因而不同规模的企业战略激进度对产业竞争力的影响可能会存在一定差异。理解这种差异，对国家制定应对大企业和中小企业的发展政策具有重要指导意义。

按照通常的做法，以营业收入作为企业规模大小的划分依据，将样本企业根据营业收入均值分为大企业和中小企业进行实证分析。企业规模用 size 表示，将营业收入高于均值的样本归为大企业组，size 赋值为 1，小于均值的样本归为中小企业组，size 赋值为 0。具体实证结果如表 5-7 所示。

表 5-7　区分不同企业规模的实证结果

变量名称	大企业		中小企业	
	（1）comp	（2）comp	（3）comp	（4）comp
stra	0.002**	0.002**	0.001	0.001
	(2.20)	(2.27)	(0.35)	(0.42)
控制变量	不控制	控制	不控制	控制
行业	控制	控制	控制	控制
年份	控制	控制	控制	控制
样本量	11320	11320	4490	4490
调整后的 R^2	0.153	0.160	0.153	0.168

注：括号内为 t 值；*、** 和 *** 分别表示 10%、5% 和 1% 的显著性水平。

表 5-7 中列（1）和列（2）是大企业实施战略激进对产业竞争力的回归结果，从中可以看出，无论是否添加控制变量，解释变量战略激进度（stra）的回归系数符号均为正，且均在 5% 的显著性水平上显著，表明大企业采取激进战略对产业竞争力产生了正效应，即大企业提高战略激进度正向促进了产业竞争力的提高。

列（3）和列（4）是中小企业战略激进度对产业竞争力的回归结果，从中可以看出，无论是否添加控制变量，虽然解释变量战略激进度（stra）的回归系数符号均为正，但均没有通过显著性检验，表明中小企业战略激进度没有显著地促进产业竞争力的提高。

区分企业规模的战略激进度对产业竞争力的分样本实证检验说明了只有大规模企业战略激进度的提高才能显著增强产业竞争力。在激烈的市场环境中，企业规模不断扩大是一种必然结果，也是产业演变的一种趋势。与中小企业相比，大企业通常有更多的各类资源、更强的制订计划能力、更高的信用，更能获得稳定的资金来源、更多的融资渠道。并且大企业通常是行业中的龙头企业，在行业中处于更关键的位置，对上下游企业带动作用强，有更强的资源配置能力，因而大企业实施激进战略对产业竞争力会有显著的正向促进效应。这也为近年来越来越多省、市政府纷纷出台促进企业"小升规"政策，促进工业经济高质量发展提供了数据支持。

5.3.4.3　区分不同生产要素密集度的实证结果与分析

改革开放40多年来，中国制造业依靠人口和要素红利实现高速发展的时代已经一去不复返，中国要实现从制造大国向制造强国的转变，必须依靠产业结构优化升级。继"十二五"规划中提出制造业转型升级、提高产业核心竞争力的战略目标后，坚持创新驱动、智能转型、强化基础、绿色发展，推动产业结构迈向中高端，加快从制造大国向制造强国转变。产业转型升级是制造企业从生产劳动密集型低价值产品向资本或技术密集型高价值产品的转变过程。相应地，制造业转型升级就是在技术创新的推动下，产业结构不断高级化的过程，内在表现为产业发展模式从粗放型、低附加值、高污染和高耗能向集约型、高附加值、低污染和低能耗转变。外在表现为主导产业或重点产业的要素密集程度遵循"劳动—资本—技术"方向依次转移。为更好地了解战略激进度对产业竞争力的影响，有必要按照生产要素密集程度的不同，进行更细致的检验。采用模型（5-1）实证分析战略激进度对不同要素密集程度制造业（资本密集型产业、劳动密集型产业、技术密集型）产业竞争力的影响。

关于劳动密集型产业、资本密集型产业和技术密集型产业的划分，目前学者们只是在定性层面上达成了共识，当与具体产业结合时还没有完全达成一致。这与国家经济发展水平的变化有关，同一个行业会由于经济发展水平的提高进入到更高级的产业形态。张其仔和李蕾（2017）选用常用的基本能够反映各产业要素投入状况的人均资本和 R&D 投入两个指标，采用模糊 C 均值聚类法对制造业各产业进行了劳动、资本和技术三类要素密集型产业划分。本章沿用其研究结果①，分析战略激进度对不同要素密集程度制造业产业竞争力的影响。具体实证结果如表 5-8 所示。

表 5-8 区分不同要素密集度的实证结果

变量名称	劳动密集型 （1）comp	资本密集型 （2）comp	技术密集型 （3）comp
stra	0.000 (0.13)	0.002 (2.42)	0.002** (2.89)
控制变量	控制	控制	控制
行业	控制	控制	控制
年份	控制	控制	控制
样本量	3470	4721	7619
调整后的 R^2	0.201	0.212	0.204

注：括号内为 t 值；*、**和***分别表示10%、5%和1%的显著性水平。

列（1）、列（2）和列（3）分别是劳动密集型产业、资本密集型产业和技术密集型产业中企业战略激进度对产业竞争力影响的回归结果。在列（1）中，解释变量战略激进度（stra）的回归系数符号为正，但没有通过显著性水平检验，说明劳动密集型产业中企业采取激进战略没有显著促进产业竞争力的提高；在列（2）和列（3）中，解释变量战略激进度（stra）的回归系

① 劳动密集型行业包括食品加工和制造业，饮料制造业，纺织业，服装及其他纤维制品制造业，皮革毛皮羽绒及其制品业，木材加工及竹藤棕草制品业，造纸及纸制品业，家具制造业，文教体育用品制造业，印刷和记录媒介复制业，橡胶和塑料制品业，非金属矿物制品业，金属制品业；资本密集型行业包括石油加工及炼焦业，化学原料及化学制品制造业，化学纤维制造业，黑色金属冶炼及压延加工业，有色金属冶炼及压延加工业；技术密集型行业包括医药制造业，普通机械制造业，专用设备制造业，交通运输设备制造业，电气机械及器材制造业，仪器仪表制造业，电子及通信设备制造业。

数符号均为正，说明了资本密集型和技术密集型产业中企业采取激进战略显著促进了产业竞争力的提高。

劳动密集型产业（典型的如纺织服装、皮具箱包、塑胶制品、玩具、家具等）属于传统行业，改革开放之后二三十年依靠低劳动力成本和低资源成本优势已经取得了长足的发展，多年来产量和出口量处于世界第一的位置。虽然近年来由于世界经济形势低迷，从世界市场来看，全球市场正在萎缩，从国外形势来看，我国劳动密集型产业面对印度、越南等要素成本更低的发展中国家的竞争挤压，但是我国传统制造业依然保持着很强的竞争力[①]。

本书中劳动密集型制造业战略激进度没有显著地促进产业竞争力，可能是因为在劳动密集型产业已经具备了很强竞争力的情况下，面对国际经济低迷、国内劳动力红利逐渐消失和东南亚等国的低成本竞争，竞争力很难快速大幅提升。资本密集型产业需要较多资本投入，需要大规模、长时期的持续投入，才能逐渐发展起来。技术密集型产业使用的机器设备较多，生产技术和劳动生产率水平较高，资源和能量消耗少，产品更新换代快，附加值高，技术溢出效应明显，带动作用强。而制造业竞争本质上是技术的竞争。资本密集型和技术密集型产业中企业采取进攻型战略，增加资本和研发投入，能够降低生产成本，提高生产效率，加上资本密集型和技术密集型产业竞争力的提升还有很大的空间，因而资本密集型和技术密集型产业中企业提高战略激进度能够提高所在行业的竞争力。

5.3.5 稳健性检验

为使本章的结果更加稳健，本章从以下几个方面进行稳健性检验。

5.3.5.1 更改产业竞争力的度量方式

本章 5.3.1 部分对产业竞争力的衡量采用的是构建指标体系、通过全局主成分分析法计算各指标权重从而得到产业竞争力的综合得分的方法，并不

---

① 从表 2-4 的结果来看，服装及其他纤维制品制造业、皮革皮毛羽绒及其制品业、家具制造业、文教体育用品制造业等传统制造业的 RCA 值在 2011~2020 年虽然呈下降趋势，但仍远大于 1，说明我国传统产业在国际上依然具备很强的竞争力。

是很直观。此外，采用显示性比较优势指数（RCA）指数、显示性竞争优势指数（CA）和产值增长率（hyzzl）三个学者们在研究产业竞争力时常常采用的单一指标来代替产业竞争力综合评分来做稳健性检验。同样应用 Stata13 软件，采用模型（5-1）进行回归，回归结果如表 5-9 中列（1）至列（3）所示。可以看出，战略激进度对三种方式度量的产业竞争力的回归系数符号均为正，且都在 10% 及以上的显著性水平上显著。说明战略激进度促进了以显示性比较优势指数（RCA）、显示性比较竞争优势指数（CA）和产值增长率（hyzzl）表示的产业竞争力的提高。与表 5-3 对比可以看出，回归结果与基准回归一致。

本章中企业战略激进度的样本选择是国泰安数据库（CMSAR）收集的沪深 A 股制造业上市公司的企业数据，而产业竞争力的样本选择是各年份《中国统计年鉴》中的制造业行业数据和联合国商品贸易统计数据库（UN Comtrade）中的制造业产品数据。上市公司属于产业中企业的一部分，此处把制造业行业数据范围缩小到本书战略激进度样本的企业做稳健性检验，即行业数据由上市公司样本组成，以营业收入增长率表示产业竞争力（hyysr'），采用模型（5-1）进行回归，结果如表 5-9 中列（5）所示。从结果可以看出，回归结果与基准回归一致。

表 5-9　战略激进度对产业竞争力影响的稳健性检验

变量名称	（1）RCA	（2）CA	（3）hyzzl	（4）comp	（5）hyysr'	（6）comp	（7）comp	（8）comp
stra	0.001***	0.002*	0.001**	0.001***	0.001***	0.002**	0.012**	0.002***
	(2.75)	(1.77)	(2.12)	(2.75)	(3.79)	(2.05)	(2.38)	(2.16)
控制变量	控制	控制	控制	控制	控制	控制	控制	控制
行业	控制	控制	控制	控制	控制	控制	控制	控制
年份	控制	控制	控制	控制	控制	控制	控制	控制
样本量	15810	15810	15810	15810	15810	15810	15810	14299
调整后的 R²	0.211	0.200	0.202	0.251	0.907	0.251	0.256	0.252

注：括号内为 t 值；*、**和***分别表示 10%、5%和 1%的显著性水平。

5.3.5.2 战略激进度的敏感性测试

在前文战略激进度的计算中,我们采用无形资产净值替代了研发费用,由此可能带来一定的测量误差。借鉴通常的做法(Tang 等,2011;叶康涛等,2014),去掉研发投入激进度维度,构建由其他六个维度组成的战略激进度指标,重新进行回归。表 5-9 中列(5)报告了回归结果。可以看出,六个维度构成的战略激进度对产业竞争力影响的回归系数大小和符号与基准回归一致,印证了基准回归的结论。

5.3.5.3 剔除新冠肺炎疫情的影响

新冠肺炎疫情对我国和全世界的经济、人民生产生活都带来了巨大不利影响。为此,剔除 2020 年的数据,排除新冠肺炎疫情的影响再次进行回归分析,结果如表 5-9 中列(6)所示。可以看出,回归系数的数值大小和显著性与基准回归一致,支持了基准回归的结论。

5.3.5.4 考虑战略激进度影响的时滞性

钱德勒的战略理论认为战略具有连续性和先导性,企业采取外延激进战略时,从增加固定资产投入、销售投入、并购投入等到规模产出,采取内涵激进战略从研发投入到创新产出、从着手加强管理到管理效率实质性提高都需要一定的时间,战略激进度对产业竞争力的影响可能存在时滞。考虑到时滞因素,分别将所有解释变量滞后一期进行分析。列(7)是将所有解释变量滞后一期的估计结果,可以看出,核心解释变量战略激进度(stra)的回归系数的数值和显著性没有变化,说明滞后一期的战略激进度对产业竞争力影响的回归系数的数值大小和显著性与基准回归一致,印证了基准回归的结论。

5.3.5.5 倾向得分匹配(PSM)

利用倾向得分匹配法(PSM)缓解因不可观测的遗漏变量产生的内生性问题。借鉴已有研究(孙洁和殷方圆,2020;王爱群和刘耀娜,2021),首先,按战略激进度的"年度—行业"中位数将样本分为两组,高于中位数的组作为实验组,低于中位数的组作为对照组。其次,将两组样本在企业规模、成长性、董事会人数、高管持股比例和产权性质方面进行匹配。平衡性检验结果显示，匹配后样本的标准化偏差均在 5% 以内，t 值检验结果显示匹配效果良好，支持实验组和对照组在所有协变量上不存在系统性差异的原假设。最后，将匹配后的样本按照模型（5-1）重新进行回归，回归结果如表 5-9 中列（8）所示。结果显示出战略激进度的回归系数符号为正，且在 1% 的显著性水平上显著，表明消除了协变量系统性差异导致的结果偏误后，主回归结果依然成立。

5.3.5.6　对比 OLS 和固定效应模型（FE）结果的稳健性检验

首先对固定效应模型（FE）的有效性进行显著性检验和 Hausman 检验。

（1）显著性检验。

固定效应模型有效性的显著性检验是检验模型中固定效应系数是否有差异，原假设为"模型中不存在固定效应"，备择假设为"模型中存在固定效应"，检验结果如表 5-10 中"F 检验"所示。可以看出，F 检验的 p 值小于 1%，拒绝了固定效应系数相同的原假设，说明模型（5-1）中存在固定效应。

（2）Hausman 检验。

Hausman 检验的原假设是随机效应模型和固定效应模型的系数没有差别，如果原假设被接受，表明适合选用随机效应模型，否则适合选用固定效应模型。从表 5-10 中的"Hausman 检验"结果可以看出，p 值在 1% 的显著性水平下拒绝了原假设，说明了本书更适合选用固定效应模型。因而，本章利用模型（5-1），选择使用同时控制个体效应和时间效应的双向固定效应模型进行稳健性检验。

如表 5-10 所示，列（1）为用 OLS 方法，列（2）为用固定效应（FE）方法实证考察战略激进度对产业竞争力影响的回归结果。对两种方法的回归结果进行对比，解释变量战略激进度（stra）对产业竞争力影响的回归系数的方向和显著性水平基本保持一致，这表明实证分析结果是比较稳健的。即本书的假设 1 成立，企业战略激进度促进了产业竞争力的提高。

表5-10　对比 OLS 和固定效应模型（FE）、两阶段最小二乘法（2SLS）的回归结果

变量名称	（1）OLS	（2）FE	（3）2SLS
stra	0.002 **	0.002 **	0.002 **
	(2.01)	(2.03)	(2.04)
控制变量	控制	控制	控制
行业	控制	控制	控制
F 检验	—	51.892	—
		(0.000)	
Hausman 检验	—	0.003	—
Kleibergen-Paap rk LM 统计量	—	—	35.220 ***
Cragg-Donald Wald F 统计量	—	—	84.286
样本量	15810	15810	15810
调整后的 R^2	0.262	0.262	0.257

注：括号内为 t 值；*、** 和 *** 分别表示 10%、5% 和 1% 的显著性水平；"F 检验"表示固定效应模型中的 F 统计值和相应 P 值；"Hausman"表示 Hausman 检验的 P 值。

5.3.5.7　采用两阶段最小二乘法（2SLS）的稳健性检验

产业竞争力和战略激进度之间可能存在双向因果关系。企业采取进攻型战略必然会影响所在产业的竞争力，但是，反过来看竞争力强的产业中企业可能更倾向于采取进攻型战略。如果这种情况存在，那么采用普通最小二乘法进行估计会使得估计系数有偏和非一致，故本章采用工具变量法来缓解内生性问题。在工具变量的选择上，沿袭传统做法，将内生变量的滞后一期项作为第一个战略激进度工具变量。本章使用的第二个战略激进度工具变量为企业 CEO 的学历，主要有如下两个理由：一是某个企业 CEO 的学历不会直接对宏观层面的产业竞争力产生影响。二是 CEO 学历与企业战略激进度密切相关，CEO 学历越高，在制定企业发展战略时可能更科学和谨慎；CEO 学历越低，在对企业发展做出决策时可能更情绪化和冲动。两阶段最小二乘法（2SLS）的回归结果如表 5-10 中列（3）所示。

可以看出，Kleibergen-Paap rk LM 统计量在 1% 的显著性水平上显著，说

明工具变量与内生变量间相关性较大，拒绝了工具变量识别不足的原假设。Cragg-Donald Wald F 统计量也拒绝了工具变量是弱识别的原假设。因此，本书选择的工具变量是合理的。

对比表 5-10 中列（1）和列（3）的回归结果，解释变量战略激进度（stra）对产业竞争力回归系数的符号和显著性水平基本保持一致，这表明实证分析结果是比较稳健的。

5.4　本章小结

本章基于 2011~2020 年我国沪深 A 股制造业上市公司数据，采用实证研究的方法，首先分析了战略激进度对产业竞争力的影响；其次分析了外延激进度、内涵激进度和单维度战略激进度对产业竞争力的影响；再次实证研究了行业竞争、融资约束、绿色发展水平分别对战略激进度与产业竞争力关系的调节效应；最后用更改产业竞争力的度量方式、战略激进度的敏感性测试、剔除新冠肺炎疫情的影响、解释变量滞后一期、倾向得分匹配法（PSM）、固定效应模型（FE）、两阶段最小二乘法（2SLS）等方法对基准回归进行了稳健性检验。主要研究结论如下：

第一，总体来看，企业战略激进度显著提高了产业竞争力。

第二，分维度来看，企业外延激进度和内涵激进度均显著促进了产业竞争力的提高；研发投入激进度、管理激进度、财务杠杆激进度、固定资产投入激进度和并购激进度正向促进了产业竞争力的提高；销售投入激进度对产业竞争力产生了负向抑制作用；员工人数激进度对产业竞争力没有产生显著的影响。

第三，融资约束对战略激进度与产业竞争力之间的关系起到了削弱抑制作用，产生了显著的负向调节效应；行业竞争和绿色发展水平对战略激进度与产业竞争力之间的关系起到了显著的加强促进作用，产生了显著的正向调节效应。

第四，异质性检验发现，只有产业生命周期中处于成长型产业中的企业、大企业、资本密集型和技术密集型企业采取进攻型战略才能显著提高产业竞争力，而产业生命周期中处于变革型、整合型和衰退型产业中的企业、中小企业和劳动密集型企业战略激进度的提高对产业竞争力没有产生显著的促进作用。

第6章　战略激进度对产业竞争力
影响的传导路径检验

第5章实证分析了企业战略激进度对产业竞争力的直接影响，本章将根据第4章的理论分析，实证检验企业战略激进度对产业竞争力影响的传导路径。首先，检验企业战略激进度对企业成长的影响；其次，检验企业成长对产业竞争力的影响。

6.1　战略激进度对企业成长的影响

6.1.1　变量选择和模型设定

6.1.1.1　变量选择

根据4.1.2的理论分析，结合数据的可得性，本章的变量选择如下（见表6-1）：

（1）被解释变量。

企业成长（growth）、企业营收成长（yscz）、企业资产成长（zccz）、企业创新成长（cxcz）和企业利润成长（lrcz）。其中，企业成长（growth）以由对营收成长、资产成长、创新成长和利润成长进行因子分析生成的一个主成分因子来衡量。

表 6-1　变量选择

变量名称		符号	变量类别	变量解释
企业成长		growth	被解释变量	由营业收入增长率、总资产增长率、企业申请专利数量和利润增长率进行因子分析生成的一个主成分因子
外延成长	营收成长	yscz		企业营业收入增长率
	资产成长	zccz		企业总资产增长率
内涵成长	创新成长	cxcz		企业申请专利数量加 1 取对数
	利润成长	lrcz		企业利润增长率
战略激进度		stra	解释变量	根据 3.1 部分计算的战略激进度评分，评分越高，战略激进度越高
外延激进度		straw		计算方法见 2.2 部分
内涵激进度		stran		
产权性质		prop	控制变量	当年实质控制人为国家或政府时取值为 1，否则为 0
管理层激励		exsincent		是否对管理层实施股权激励，是取值为 1，否则为 0
现金流量		cashf		本期经营活动产生的现金流量净额除以总资产
资产周转率		asserturn		本期营业总收入除以总资产
企业年龄		lnage		成立年限加 1 取对数
第一大股东持股比例		onesr		第一大股东持股比例
机构投资者持股比例		instr		年末基金公司持有该公司发行股票的比例

（2）解释变量。

战略激进度（stra）、外延激进度（straw）和内涵激进度（stran）计算方法见 2.2 部分内容。

（3）控制变量。

借鉴 Yuan 等（2020），选取产权性质、股权结构、管理层激励、现金流量、资产周转率和企业年龄作为控制变量。

产权性质（prop）。产权性质会显著影响企业绩效。国有企业是中国特色社会主义的重要物质和政治基础，是中国共产党执政兴国的依靠力量，不但肩负维持社会稳定的政治责任，而且还要承担保持国有资产保值增值的经济责任。因而，不同产权性质企业的成长情况是不同的，已有研究也得出了类似结论（高磊，2018）。根据《企业国有资产交易监督管理办法》，产权性质以股权国资占比或最大股东归属为划分标准。如果股权国资占比超过 50% 或最大股东为国资，那么就归入国有企业，prop 取值为 1，否则为 0。

股权结构。股权结构是公司治理的基石（赵贞等，2014），股权结构对企业绩效的影响一直以来是学者们研究的热点（燕玲，2012）。其中，机构投资者持股（instr）能够显著促进公司绩效提高得到了大多数学者的认同（Gillan 和 Starks，2003），而第一大股东持股比例（onesr）与公司绩效的关系还没有得到一致结论。

管理层激励（exincent）。管理层激励追求的目标是提升公司经营的效率，在"报酬—绩效"契约下，管理层报酬由公司经营业绩决定，管理层想要获得高报酬必须努力工作以达到契约中规定的经营业绩。已有很多研究都支持管理层激励与公司绩效呈正相关关系的结论（周仁俊等，2010；袁晓波，2014）。

现金流量（cashf）。在市场经济条件下，现金流量在很大程度上决定着企业的生存和发展，是企业的经营之源、生命之源。已有研究认为，企业的现金流量会通过投资程度（蔡吉甫，2008）、并购（余鹏翼和王满四，2018）等不同渠道对企业业绩产生影响。通常认为，充裕的现金流量能够促进企业成长。

资产周转率（asserturn）。总资产周转率能够反映出企业的整体营运效率。2012 年公布的《中央企业负责人经营业绩考核暂行办法》（国务院国有资产监督管理委员会令第 30 号）中将总资产周转率作为中央企业负责人任期经营业绩考核的基本指标之一。可见总资产周转率对企业成长的重要性。通常认为，资产周转率高的企业成长会更好。

企业年龄（lnage）。企业生命周期理论认为，企业在成长期、发展期、成熟期和衰退等不同生命周期阶段的成长性不同，即企业年龄会显著影响企业的成长。通常认为，处于发展期和成长期的企业成长得会更快，当企业进入成熟期后，成长速度会趋于减缓，直至进入衰退期。值得注意的是，企业进入衰退期并不意味着其成长性的必然下降。已有品牌实践证明，进入衰退期的品牌能够通过产品、品牌和品类的升级重新回到成长轨道，如奥利奥、金丝猴[①]。唐跃军和宋渊洋（2008）研究发现，企业年龄对制造业企业成长有显著的负面影响，成立时间越长的企业成长性越小。本章用企业存续时间加1取对数来衡量企业年龄。

另外，考虑到个体和时间对被解释变量企业成长的影响，我们采用虚拟变量的方式控制了企业特性和年度共同趋势的影响。

6.1.1.2　模型设定

借鉴 Yuan 等（2020）的研究方法，根据第4章的理论分析，设计回归模型（6-1）。

$$growth_{i,t} = \alpha_0 + \alpha_1 stra_{i,t} + \alpha_2 stra_{i,t}^2 + controls_{i,t} + indust + year + \varepsilon \qquad (6-1)$$

其中，i 表示企业；t 表示时期；$growth_{i,t}$ 表示 i 企业 t 期的成长情况，分为企业成长、企业外延成长和企业内涵成长。其中企业外延成长分为营收成长和资产成长，企业内涵成长分为创新成长和利润成长。解释变量 $stra_{i,t}$ 表示 i 企业 t 期的战略激进度，分为战略激进度、外延激进度和内涵激进度，数值越高表示企业战略激进度越高，越倾向于进攻型战略；$stra^2$ 表示战略激进度的平方项，用以考察战略激进度与企业成长之间是否存在非线性关系。control 表示控制变量，各控制变量的具体定义详见表5-1；indust 用来表示不同行业特征给企业成长带来的影响；year 用来表示时间共同趋势给企业成长带来的影响；ε 表示随机误差项。

6.1.2　数据说明和描述性统计

6.1.2.1　数据选择

本部分所使用的数据主要来自国泰安（CSMAR）数据库，选取 2011~2020 年中国沪深 A 股制造业上市公司为研究样本，数据选取自 2011 年开始是为了保证数据的可得性和一致性。依照通常的做法，对初始样本进行如下筛选：①剔除 ST、PT 和正在退市整理期样本，因为这类公司失去了经营效率。②剔除数据异常和战略构成变量五年内存在缺失的样本。③剔除上市年

---

① 蔡蜜. 从老消费品品牌身上找到增长停滞的方法 [EB/OL]. (2022-08-24) [2022-08-30]. https://view.inews.qq.com/a/20220824A0601E00.

限不足五年的样本。④剔除变量缺失值较多的样本。本书最终保留了 15810 条"公司—年份"观测值。为缓解异常值对实证结果的影响，对所有连续变量在 1%的水平上进行了 Winsorize 缩尾处理。

6.1.2.2　描述性统计

对被解释变量、解释变量、各控制变量进行描述性统计，报告了平均值、最小值、最大值和标准差，结果如表 6-2 所示。企业成长（growth）的平均值为 0.002，最大值和最小值分别为 53.070 和 -3.860，标准差为 0.743；企业营收成长（yscz）的平均值为 0.292，最大值和最小值分别为 665.667 和 -0.997，标准差为 6.717；企业资产成长（zccz）的平均值为 0.222，最大值和最小值分别为 251.050 和 -0.972，标准差为 2.407；企业创新成长（cxcz）的平均值为 0.857，最大值和最小值分别为 9.737 和 0.000，标准差为 1.623；企业利润成长（lrcz）的平均值为 -0.632，最大值和最小值分别为 1180.818 和 -1667.667，标准差为 25.536；战略激进度（stra）的平均值为 21.186，最大值和最小值分别为 34.000 和 8.000；外延激进度（straw）的平均值为 12.100，最大值和最小值分别为 20.000 和 4.000，标准差为 2.526；内涵激进度（stran）的平均值为 6.000，最大值和最小值分别为 10.000 和 2.000，标准差为 2.257。说明各个企业战略激进度的差别比较大，企业成长的状况差别也比较大，这与我国企业发展的现实情况相符合。控制变量的统计结果均在合理范围内。

表 6-2　主要变量的描述性统计

变量类别	变量名称	最小值	最大值	平均值	标准差	样本数
被解释变量	growth	-3.860	53.070	0.002	0.743	15810
	yscz	-0.997	665.667	0.292	6.717	15810
	zccz	-0.972	251.050	0.222	2.407	15810
	cxcz	0.000	9.737	0.857	1.623	15810
	lrcz	-1667.667	1180.818	-0.632	25.536	15810

续表

变量类别	变量名称	最小值	最大值	平均值	标准差	样本数
解释 变量	stra	8.000	34.000	21.186	3.942	15810
	straw	4.000	20.000	12.100	2.526	15810
	stran	2.000	10.000	6.000	2.257	15810
控制 变量	prop	0.000	1.000	0.277	0.447	15810
	exsincent	0.000	1.000	0.486	0.486	15810
	onest	4.760	80.990	38.933	15.727	15810
	instr	0.000	27.000	4.200	6.600	15810
	cashf	−1.687	2.222	0.052	0.075	15810
	asserturn	0.0002	8.734	0.642	0.410	15810
	lnage	1.792	4.143	2.847	0.325	15810
	exage	34.643	62.857	48.829	3.181	15810
	exfemb	0.000	0.684	0.175	0.111	15810
	exedu	0.000	2.000	0.758	0.516	15810

注：本表变量定义参考表 6-1；所有连续变量均在 1% 水平上进行了缩尾处理。

6.1.3 实证结果分析

本节应用 Stata13 软件，采用模型（6-1）实证分析企业战略激进度对企业成长的影响。为使回归结果更加稳健，对回归系数标准误在企业层面进行了聚类（cluster）处理。战略激进度对企业成长影响的回归结果如表 6-3 所示。

表 6-3　战略激进度对企业成长影响的回归结果

变量名称	（1）growth	（2）growth	（3）yscz	（4）zccz	（5）cxcz	（6）lrcz
stra	0.001 (0.06)	0.005** (2.05)	—	—		
$stra^2$	0.000 (0.34)	—	—			
straw	—	—	0.13*** (3.13)	0.049*** (3.81)		

续表

变量名称	（1）growth	（2）growth	（3）yscz	（4）zccz	（5）cxcz	（6）lrcz
stran	—	—	—	—	0.023*	−0.192
					(1.84)	(−0.82)
onesr	0.001**	0.001**	0.002*	0.002*	0.001*	0.025*
	(2.01)	(2.04)	(1.67)	(1.69)	(1.67)	(1.68)
instr	0.001**	0.001**	0.004*	0.004*	0.002*	0.024*
	(2.39)	(2.40)	(1.68)	(1.67)	(1.88)	(1.73)
lnage	−0.016	−0.016	−0.263	−0.283	−0.168	−0.157
	(−0.40)	(−0.40)	(−0.3)	(−0.90)	(−0.52)	(−0.62)
asserturn	0.028**	0.028***	0.123**	0.097**	0.071**	0.087*
	(2.44)	(2.40)	(2.11)	(2.18)	(2.31)	(1.67)
exsincent	0.246***	0.246***	0.095**	0.069***	0.056***	0.064**
	(4.65)	(4.65)	(2.02)	(2.82)	(2.88)	(2.05)
cashf	4.347***	4.347***	0.121*	0.093*	0.232**	−0.234*
	(8.98)	(8.98)	(1.89)	(1.87)	(2.17)	(−1.91)
prop	−0.232**	−0.232**	−0.187*	−0.177*	−0.089**	−0.040***
	(−2.30)	(−2.30)	(−1.82)	(−1.84)	(−2.39)	(−2.77)
行业	控制	控制	控制	控制	控制	控制
年份	控制	控制	控制	控制	控制	控制
样本量	15810	15810	15810	15810	15810	15810
调整后的 R^2	0.284	0.398	0.279	0.405	0.272	0.289

注：括号内为 t 值；＊、＊＊和＊＊＊分别表示 10%、5%和 1%的显著性水平。

列（1）显示的战略激进度对企业成长的回归结果中包括了解释变量战略激进度的平方项。可以看出，战略激进度平方项（stra²）对企业成长的回归结果不显著，说明战略激进度与企业成长之间不存在非线性关系。

列（2）至列（6）是模型（6-1）中去掉解释变量战略激进度平方项（stra²）的回归结果。从列（2）可以看出，解释变量战略激进度（stra）的回归系数符号为正，且在 5%的显著性水平上显著，表明战略激进度显著促进了企业成长。

列（3）和列（4）是外延战略激进度对企业外延成长（营收成长和资产

成长）的回归结果，可以看出，解释变量外延激进度（straw）对企业营收成长（yscz）和企业资产成长（zccz）的回归系数符号均为正，且均在1%的显著性水平上显著，说明企业外延激进度显著促进了企业的营收成长和资产成长，即企业外延激进度显著促进了企业的外延成长。

列（5）和列（6）是内涵战略激进度对企业内涵成长（创新成长和利润成长）的回归结果。列（5）中，解释变量内涵激进度（stran）对企业创新成长（cxcz）的回归系数符号为正，且在10%的显著性水平上显著，说明企业内涵激进度显著促进了企业创新成长，这与已有研究结论一致（Acquaah和 Yasai-Ardekani，2008）。列（6）中，解释变量内涵激进度（stran）对企业利润成长（lrcz）的回归系数符号为负，但是没有通过显著性检验，说明企业内涵激进度对企业利润成长没有起到显著的促进作用。综合而言，可以说企业内涵激进度显著促进了企业的创新成长。

控制变量中，第一大股东持股比例（onesr）、机构投资者持股比例（instr）、管理层激励（exsincent）、资产周转率（asserturn）、现金流量（cashf）、产权性质（prop）的回归结果均与预期一致。第一大股东和机构投资者持股比例越大、资产周转速度越快、现金流量越多、高管激励越大均有利于企业成长；与国有企业相比，非国有企业成长更快。企业年龄越大成长越慢，但没有达到预期的显著水平。

6.2 企业成长对产业竞争力的影响

6.2.1 变量选择和模型设定

6.2.1.1 变量选择

（1）被解释变量。

产业竞争力（comp）。本书中产业竞争力是一个复合指标，其指标体系的构建和计算详见本书第 2.4 部分。

（2）解释变量。

企业成长（growth）、企业营收成长（yscz）、企业资产成长（zccz）、企业创新成长（cxcz）和企业利润成长（lrcz）。其中，企业成长（growth），以由营业收入、总资产、企业发明专利数量和利润率进行因子分析生成的一个主成分因子来衡量。计算方法见前文 2.2 部分。

（3）控制变量。

控制变量同 5.1.1 部分。

6.2.1.2 模型设定

为研究企业成长对产业竞争力的影响，根据第 4 章的理论分析，结合影响产业竞争力的基本因素，借鉴已有研究（徐敏燕和左和平，2013），本节设定如下基础回归模型。

$$\text{comp}_{y,t} = \alpha_0 + \alpha_1 \text{growth}_{i,t} + \text{controls} + \text{indust} + \text{year} + \varepsilon \qquad (6\text{-}2)$$

其中，i 表示企业，t 表示时期，y 表示行业，$\text{growth}_{i,t}$ 表示 i 企业 t 时期的企业成长情况，包括企业综合成长情况（growth）、企业营收成长（yscz）、企业资产成长（zccz）、企业创新成长（cxcz）和企业利润成长（lrcz）；indust 表示行业控制变量，控制不同行业特征给产业竞争力带来的影响；year 表示时间控制变量，表示由于时间共同趋势给产业竞争力带来的影响；控制变量同模型（5-1）。

6.2.2 数据说明和描述性统计

6.2.2.1 数据选择

本节所使用的数据主要来自国泰安（CSMAR）数据库，选取 2011～2020 年中国沪深 A 股制造业上市公司为研究样本，数据选取自 2011 年开始是为了保证数据的可得性和一致性。依照通常的做法，对初始样本进行如下筛选：①剔除 ST、PT 和正在退市整理期样本，因为这类公司已经失去经营效率。②剔除数据异常和战略构成变量五年内存在缺失的样本。③剔除上市年限不足五年的样本。④剔除变量值缺失较多的样本。本书最终保留了 15810

条"公司—年份"观测值。为缓解异常值对实证结果的影响，对所有连续变量进行上下1%的缩尾处理。

6.2.2.2 描述性统计

对被解释变量、解释变量、各控制变量进行描述性统计，报告了平均值、最小值、最大值和标准差，结果如表6-4所示。产业竞争力（comp）的平均值为0.450，最大值和最小值分别为1.980和-0.980，标准差为0.490；企业营收成长（yscz）的平均值为0.292，最大值和最小值分别为665.667和-0.997，标准差为6.717；企业资产成长（zccz）的平均值为0.222，最大值和最小值分别为251.050和-0.972，标准差为2.407；企业创新成长（cxcz）的平均值为0.857，最大值和最小值分别为9.737和0.000，标准差为1.623；企业利润成长（lrcz）的平均值为-0.632，最大值和最小值分别为1180.818和-1667.667，标准差为25.536。可以看出产业竞争力和各层次企业成长的差别都比较大。

表6-4 主要变量的描述性统计

变量类别		变量名称	单位	最小值	最大值	平均值	标准差	样本数
被解释变量		comp	无	-0.980	1.980	0.450	0.490	15810
解释变量	企业成长	growth	无	-3.860	53.070	0.002	0.743	15810
	外延成长	yscz	%	-0.997	665.667	0.292	6.717	15810
		zccz	%	-0.972	251.050	0.222	2.407	15810
	内涵成长	cxcz	无	0.000	9.737	0.857	1.623	15810
		lrcz	%	-1667.667	1180.818	-0.632	25.536	15810
控制变量		同表5-1						

注：所有连续变量均在1%水平上进行缩尾处理。

6.2.3 实证结果分析

本节应用Stata13软件，采用模型（6-2）实证分析企业成长对产业竞争力的影响。为使回归结果更加稳健，对回归系数标准误在企业层面进行了聚类（cluster）处理，回归结果如表6-5所示。

表 6-5　企业成长对产业竞争力影响的回归结果

变量名称	(1) comp	(2) comp	(3) comp	(4) comp	(5) comp
growth	0.000**	—	—	—	—
	(2.23)				
yscz	—	0.000**	—	—	—
		(1.97)			
zccz	—	—	0.000*	—	—
			(1.77)		
cxcz	—	—	—	0.001*	—
				(1.71)	
lrcz	—	—	—	—	0.000***
					(2.70)
gdpg	0.060***	0.060***	0.060***	0.060***	0.060***
	(4.68)	(4.88)	(4.87)	(3.30)	(4.86)
tran	0.179***	0.180***	0.180***	0.176***	0.179***
	(3.56)	(3.56)	(3.56)	(3.32)	(3.55)
envir	0.239***	0.200***	0.200***	0.203***	0.201***
	(3.64)	(3.59)	(3.58)	(3.60)	(3.69)
hr	3.26***	3.23***	3.23***	2.80***	3.20***
	(3.64)	(3.78)	(3.78)	(3.33)	(3.73)
ts	0.008***	0.008***	0.008***	0.006***	0.003***
	(4.16)	(4.14)	(4.14)	(2.78)	(4.03)
market	0.212***	0.200***	0.200***	0.202***	0.201***
	(4.51)	(4.49)	(4.49)	(4.31)	(4.48)
fdi	0.008***	0.009***	0.009***	0.009***	0.008***
	(3.49)	(3.37)	(3.37)	(3.39)	(3.29)
govsu	0.017***	0.017***	0.017***	0.015***	0.016***
	(3.51)	(3.51)	(3.51)	(2.86)	(3.46)
行业	控制	控制	控制	控制	控制
年份	控制	控制	控制	控制	控制
样本量	15810	15810	15810	15810	15810
调整后的 R^2	0.272	0.289	0.286	0.298	0.262

注：括号内为 t 值；*、** 和 *** 分别表示 10%、5% 和 1% 的显著性水平。

6.2.3.1 企业成长对产业竞争力的影响

列（1）是控制了影响产业竞争力的其他因素后企业成长对产业竞争力的回归结果。从中可以看出，解释变量企业成长（growth）的回归系数符号为正，在5%的显著性水平上显著，表明企业成长对产业竞争力起到了正向促进作用，即企业成长得越好，产业竞争力越强。

控制变量中，表示资源条件的经济发展水平（gdpg）、交通基础设施（tran）、人力资本水平（hr）、市场化程度（market）的回归系数符号为正，且均在1%的显著性水平上显著，说明经济发展水平越高、交通基础设施越完善、人力资本水平越高、市场化程度越高对产业竞争力的促进作用越强。

表示产业组织结构的高级化程度（ts）的回归结果符号为负，且在1%的显著性水平上显著，表明制造业产业结构越高级，产业竞争力越弱。这反映出我国在高科技产业方面的产业竞争力还不强，需要加快攻克核心关键技术。

表示政府因素的环境规制强度（envir）、外商投资水平（fdi）的回归系数符号均为负，政府参与和扶持力度（govsu）的回归结果符号为正，且均在1%的显著性水平上显著，表明政府因素对制造业产业竞争力的提高发挥了重要作用。具体地，环境规制对制造业产业竞争力的提高产生了挤出效应，说明我国制造业总体上仍然没有摆脱粗放型发展方式；外商投资并没有提高我国制造业产业竞争力，说明我国制造业核心技术的发展已经到了必须完全依靠自己的阶段，依靠外商投资已经不可能再获取到核心技术；政府参与和扶持力度显著促进了产业竞争力的提高，说明政府引导在制造业发展过程中发挥了积极作用。

6.2.3.2 不同企业成长对产业竞争力的影响

列（2）和列（3）分别是表示企业外延成长的营收成长和资产成长对产业竞争力影响的回归结果。可以看出，营收成长和资产成长对产业竞争力的回归系数符号均为正，且均在10%及以上的显著性水平上显著，说明营收成长和资产成长均显著促进了产业竞争力的提高，即企业外延成长促进了产业竞争力的提高。

列（4）和列（5）分别是表示企业内涵成长的创新成长和利润成长对产

业竞争力影响的回归结果，可以看出创新成长和利润成长对产业竞争力的回归系数符号均为正，且分别在 10% 和 1% 的显著性水平上显著，说明创新成长和利润成长均显著促进了产业竞争力的提高，即企业内涵成长促进了产业竞争力的提高。

控制变量中，表示资源条件、产业组织结构和政府因素的各控制变量回归系数符号为正，且均在 1% 的显著性水平上显著，说明资源条件越好、产业组织结构越高级、和政府支持力度越大对产业竞争力的促进作用越强。

第 5 章实证验证了战略激进度能够促进产业竞争力的提高，6.1 和 6.2 部分分别实证验证了战略激进度能够促进企业成长和企业成长能够促进产业竞争力，从而验证了"战略激进度→企业成长→产业竞争力"这一传导路径。本书的假设 2 得到了验证。具体来说，外延激进度通过促进企业的外延成长（规模成长、资产成长）从而提高了产业竞争力，内涵激进度通过促进企业的内涵成长（创新成长）从而提高了产业竞争力。本书的假设 2-1 和假设 2-2 均得到了验证。

6.3   稳健性检验

第 5 章、6.1 和 6.2 内容一起验证了"战略激进度→企业成长→产业竞争力"这一传导路径，也可以说，企业成长是战略激进度对产业竞争力影响的中间路径。因此，本节利用中介效应模型对这一传导路径进行稳健性检验。构建如下中介效应模型。

$$comp_{y,t} = \alpha_0 + \alpha_1 stra_{i,t} + controls + indust + year + \varepsilon \qquad (6-3)$$

$$growth_{i,t} = \alpha_0 + \alpha_1 stra_{i,t} + controls + indust + year + \varepsilon \qquad (6-4)$$

$$comp_{y,t} = \alpha_0 + \alpha_1 stra_{i,t} + \alpha_2 growth_{i,t} + controls + indust + year + \varepsilon \qquad (6-5)$$

其中，$growth_{i,t}$ 表示 i 企业 t 时期的成长情况，由企业营收成长、资产成长、创新成长和利润成长进行因子分析生成的一个主成分因子表示，从整体上体现企业成长状况；其他变量同模型（5-1）和模型（6-1）。为使回归结果稳健，对回归系数标准误在企业层面进行了聚类（cluster）处理。回归结果如表6-6所示。

列（1）至列（3）是模型（6-3）的回归结果，分别表示战略激进度、外延激进度和内涵激进度对产业竞争力的影响。与模型（5-1）的回归结果一样，战略激进度、外延激进度和内涵激进度均显著促进了产业竞争力的提高。

列（4）至列（8）是模型（6-4）的回归结果。列（4）至列（7）分别表示战略激进度对企业成长、外延激进度对企业营收成长、外延激进度对企业资产成长、内涵激进度对企业创新成长的影响。与模型（5-1）的回归结果一致，战略激进度促进了企业成长，外延激进度促进了企业营收成长和资产成长，内涵激进度促进了企业的创新成长。

列（8）表示内涵激进度对企业利润成长的影响。可以看出，内涵激进度对企业利润成长没有起到显著的促进作用。因此，企业利润成长是不是内涵激进度对产业竞争力影响的中间路径，需要采用 Bootstrap 法进行判断。Bootstrap 重复取样1000次，间接效应的95%的置信区间包括数字0，说明企业利润成长在内涵激进度影响产业竞争力的关系中没有起到传导作用。

列（9）至列（12）是模型（6-5）的回归结果。在列（9）中，战略激进度和企业成长对产业竞争力的回归结果均为正，均在10%及以上的显著性水平上显著，结合列（1）和列（4）的回归结果，可知企业成长是战略激进度对产业竞争力影响的中间路径。

在列（10）中，外延激进度和企业营收成长对产业竞争力的回归系数均为正，均在10%及以上的显著性水平上显著，结合列（2）和列（4）的回归结果，可知企业营收成长是外延激进度对产业竞争力影响的中间路径。

在列（11）中，外延激进度和企业资产成长对产业竞争力的回归系数均为正，均在10%的显著性水平上显著，结合列（2）和列（6）的回归结果，可知企业资产成长是外延激进度对产业竞争力影响的中间路径。

表 6-6　战略激进度对产业竞争力传导路径的稳健性检验

变量名称	(1)	(2)	(3)	(4)	(5)	(6)	(7)	(8)	(9)	(10)	(11)	(12)
	comp	comp	comp	growth	growthw		growthn		comp	comp	comp	comp
					yscz	zccz	cxcz	lrcz				
stra	0.002** (2.02)	—	—	0.005** (2.05)	—	—	—	—	0.002** (2.02)	—	—	—
straw	—	0.001** (2.13)	—	—	0.13*** (3.13)	0.049*** (3.81)	—	—	—	0.001* (1.68)	0.001* (1.67)	—
stran	—	—	0.006** (2.19)	—	—	—	0.023* (1.84)	-0.192 (-0.82)	—	—	—	0.006** (2.10)
growth	—	—	—	—	—	—	—	—	0.002* (1.86)	—	—	—
yscz	—	—	—	—	—	—	—	—	—	0.000** (1.97)	—	—
zccz	—	—	—	—	—	—	—	—	—	—	0.000* (1.77)	—
cxcz	—	—	—	—	—	—	—	—	—	—	—	0.001* (1.70)
lrcz	—	—	—	—	—	—	—	—	—	—	—	—
控制变量	控制	控制	控制	控制	控制	控制	控制	控制	控制	控制	控制	控制
行业	控制	控制	控制	控制	控制	控制	控制	控制	控制	控制	控制	控制
年份	控制	控制	控制	控制	控制	控制	控制	控制	控制	控制	控制	控制
样本量	15810	15810	15810	15810	15810	15810	15810	15810	15810	15810	15810	15810
调整后的 R^2	0.262	0.272	0.289	0.398	0.279	0.405	0.272	0.289	0.262	0.262	0.262	0.265

注：括号内为 t 值；*、**和***分别表示10%、5%和1%的显著性水平。

在列（12）中，内涵激进度和企业创新成长对产业竞争力的回归系数均为正，均在10%及以上的显著性水平上显著，结合列（3）和列（7）的回归结果，可知企业创新成长是内涵激进度对产业竞争力影响的中间路径。

本节采用中介效应模型对战略激进度对产业竞争力影响的传导路径进行了稳健性检验，得到与6.2.3一致的结果，证明了6.2.3的实证结果是稳健的。

6.4　进一步研究

第4章理论部分分析了外延激进度能够通过促进企业外延规模的扩大从而促进产业竞争力的提高、内涵激进度能够通过促进企业的研发创新从而促进产业竞争力的提高，第5章和第6章的前3节对这一理论传导路径进行了实证验证。实际上，外延战略激进度与企业内涵成长、内涵激进度与企业外延成长之间还可能会存在交叉影响。

一方面，由于企业的资源是有限的，企业在同一时间段内的战略通常只能侧重于外延和内涵两者中的一个。如果侧重于外延激进战略扩大规模，就可能减少对企业内涵素质提升的投资，如果侧重于内涵激进战略提高素质，就可能减少对企业外延规模扩大的投资。也就是说，企业外延激进度和企业内涵成长、企业内涵激进度和企业外延成长之间可能存在挤出效应。

另一方面，企业采取外延激进战略，随着企业生产规模的扩大，市场上同种产品供给增多，会导致价格下降，企业利润减少，企业要想维持利润或者扩大利润，就必须提高产品质量、提高管理效率或者研发新产品，此时，外延激进度对企业的创新内涵成长可能会产生倒逼作用。由于技术领先给企业带来的竞争优势周期较短，而规模经济效应带来的成本降低防火墙更高[①]，

---

① 谢泓. 为什么中国制造需要规模经济？［EB/OL］.（2021-11-12）［2022-09-15］. http：//oa. sanhaostreet. com/it/202111/1214473. html.

因而当企业采取内涵激进战略提高企业内涵素质、生产技术水平得到提高后，企业会把新的技术应用于规模生产以降低生产成本，此时，内涵激进度就可能促进企业的外延成长。也就是说，企业外延激进度和企业内涵成长、企业内涵激进度和企业外延成长之间可能存在互补效应。企业外延激进度可能通过影响企业内涵成长从而影响产业竞争力，企业内涵激进度也可能通过影响企业外延成长从而影响产业竞争力。

本节对企业战略激进度与产业竞争力之间可能存在的交叉传导效应进行实证检验。同样应用 Stata13 软件，采用中介模型（6-3）至模型（6-5）进行实证检验。回归结果如表 6-7 所示。

表 6-7　战略激进度对产业竞争力传导路径的进一步研究回归结果

变量名称	（1）	（2）	（3）	（4）	（5）	（6）	（7）	（8）
	comp	comp	growthn		growthw		comp	comp
			cxcz	lrcz	yscz	zccz		
straw	0.001** (2.13)	—	−0.002 (−0.32)	−0.14 (−0.65)	—	—	—	—
stran	—	0.006** (2.19)	—	—	0.154* (1.92)	0.038* (1.93)	0.006** (2.18)	0.007** (2.17)
yscz	—	—	—	—	—	—	0.000** (2.01)	—
zccz	—	—	—	—	—	—	—	0.000* (1.69)
控制变量	控制	控制	控制	控制	控制	控制	控制	控制
行业	控制	控制	控制	控制	控制	控制	控制	控制
年份	控制	控制	控制	控制	控制	控制	控制	控制
样本量	15810	15810	15810	15810	15810	15810	15810	15810
调整后的 R^2	0.272	0.289	0.398	0.279	0.201	0.200	0.261	0.261

注：括号内为 t 值；*、** 和 *** 分别表示 10%、5% 和 1% 的显著性水平。

列（3）和列（4）分别是外延激进度对企业创新成长和企业利润成长的回归结果。从中可以看出，解释变量外延激进度（straw）的回归系数符号均为负，均没有通过 10% 及以上的显著性水平检验，表明外延激进度对企业内涵成长起到了负向抑制作用，但是抑制作用不显著。因而企业的创新成长和利润成长是否是外延激进度对产业竞争力影响的中间路径，需要采用 Bootstrap 法进行判断。Bootstrap 重复取样 1000 次，间接效应的 95% 的置信区间包括数字 0，说明企业创新成长和利润成长在外延激进度影响产业竞争力的关系中没有起到中间路径作用。

列（5）和列（6）分别是内涵激进度对企业营收成长和资产成长的回归结果。可以看出，解释变量内涵激进度对企业营收成长和资产成长的回归系数符号均为正，均在 10% 的显著性水平上显著。说明内涵激进度对企业外延成长起到了显著的正效应，即内涵激进度能够促进企业外延成长。

列（7）和列（8）是模型（6-5）的回归结果。在列（7）中，内涵激进度和企业营收成长对产业竞争力的回归系数均为正，均在 5% 的显著性水平上显著，结合列（2）和列（5）的回归结果，可知内涵激进度促进了企业的营收成长，从而提高了产业竞争力；在列（8）中，内涵激进度和企业资产成长对产业竞争力的回归系数均为正，均在 10% 及以上的显著性水平上显著，结合列（2）和列（6）的回归结果，可知内涵激进度促进了企业的资产成长，从而提高了产业竞争力。综合来说，内涵激进度促进了企业的外延成长，从而提高了产业竞争力。

以上进一步研究的结果表明企业成长可能存在外延规模路径依赖，企业有自主扩大规模的内驱力，规模扩张仍然是企业成长的重要路径。但是由于企业内涵成长有着更强的带动作用，未来企业要更加注重内涵成长。

6.5　本章小结

本章利用 2011~2020 年中国沪深 A 股制造业上市公司数据，基于第 4 章的理论分析，实证检验了战略激进度对产业竞争力影响及传导路径。首先，实证检验了战略激进度对企业成长、外延激进度对企业外延成长、内涵激进度对企业内涵成长的影响；其次，实证验证了企业成长、企业外延成长和企业内涵成长对产业竞争力的影响。进一步地，考察了战略激进度对产业竞争力影响的交叉传导路径。本章主要研究结论如下：

第一，从整体来看，企业成长是战略激进度促进产业竞争力提高的传导路径。即企业战略激进度促进了企业成长，从而促进了产业竞争力的提高。

第二，企业外延成长是外延激进度促进产业竞争力提高的传导路径，即外延激进度促进了企业的外延成长（营收成长和资产成长），从而促进了产业竞争力的提高。企业创新成长是内涵激进度促进产业竞争力的传导路径，即内涵激进度促进了企业的创新成长，从而促进了产业竞争力的提高。而内涵激进度促进产业竞争力的利润成长传导路径没有得到数据支持。

第三，从交叉路径来看，企业外延激进度对企业内涵成长没有产生显著的促进作用，而企业内涵激进度对企业外延成长（营收成长和资产成长）产生了显著的促进作用，从而促进了产业竞争力的提高。

根据本章的研究结果，从整体来看，战略激进度对产业竞争力影响的"战略激进度→企业成长→产业竞争力"的完整传导路径得到了实证检验。具体来说，有三条传导路径："外延激进度→企业外延成长→产业竞争力""内涵激进度→企业创新成长→产业竞争力""内涵激进度→企业外延成长→产业竞争力"。

第7章 研究结论、启示和展望

7.1 基本结论

　　未来很长一段时期，制造业竞争力作为国家经济的支柱，在内忧外患的境况下，我国如何能不断提升制造业竞争力从而使得经济稳定健康发展是一个重大课题。竞争是市场经济的基本特征，企业处于激烈的市场竞争环境中，以利润为最终目标，结合企业实际情况，制定发展战略，参与市场竞争。本书以企业战略激进度为切入点，首先从理论上分析了企业战略激进度会影响企业成长从而影响产业竞争力，即企业成长在企业战略激进度对产业竞争力的影响中起到了传导作用，接着对理论分析进行了实证检验。主要研究结论如下：

　　第一，企业战略激进度对产业竞争力具有显著的正向影响。企业战略激进度越高，所在行业竞争力越强。

　　第二，从单维度来看，研发投入激进度、管理投入激进度、财务杠杆激进度、固定资产投入激进度、并购激进度和管理活动激进度正向促进了产业竞争力的提高；销售投入激进度对产业竞争力产生了显著的负向抑制作用；员工波动程度激进度对产业竞争力没有产生显著的影响。

第三，在调节效应分析方面，融资约束负向抑制了战略激进度与产业竞争力之间的正向关系，起到了负向调节的作用；行业竞争和绿色发展水平正向促进了战略激进度与产业竞争力之间的正向关系，起到了正向调节作用。异质性检验发现，只有在产业生命周期中处于成长型产业中的企业、大企业、资本密集型和劳动密集型企业采取进攻型战略才能显著地提高产业竞争力，而在产业生命周期中处于变革型、整合型和衰退型产业中的企业、中小企业和劳动密集型企业战略激进度的提高对产业竞争力没有产生显著的促进作用。

第四，企业成长是企业战略激进度促进产业竞争力提高的传导路径。企业战略激进度通过促进企业成长从而提高了产业竞争力。

第五，企业外延成长和企业内涵成长中的创新成长分别是外延激进度和内涵激进度促进产业竞争力提高的传导路径。即外延激进度和内涵激进度分别促进了企业的外延成长（营收成长和资产成长）和内涵成长（创新成长），从而促进了产业竞争力的提高。而内涵激进度促进产业竞争力提高的利润成长路径没有得到数据支持。

第六，企业外延激进度对企业内涵成长没有产生显著的促进作用，而企业内涵激进度对企业外延成长（营收成长和资产成长）产生了显著的促进作用，从而促进了产业竞争力的提高。

综上所述，企业战略激进度对产业竞争力的影响是以"企业"为传导介质，通过外延成长和内涵成长两条路径使得企业不断地做大做优做强，最终促进了产业竞争力的提高。

7.2　研究启示

本书的实证研究结果表明，从整体来看，企业战略激进度促进了企业成长，从而提高了产业竞争力。这也是亚当·斯密"看不见的手"原理的一个印证。企业都在为自己的利益不断地努力，它所考虑的不是产业的利益，而是它自身的利益，但是企业对自身利益的追求促进了产业竞争力的提高。这也是政府愿意看到的结果。

值得注意的是，内涵战略激进度对产业竞争力影响的利润成长传导路径和外延激进度对产业竞争力影响的内涵传导路径没有得到数据支持，说明了我国制造业企业采取激进战略时并没有显著的促进企业的利润成长，而现实中，我国制造业发展至今，利润成长问题是必须要面对的问题。2022 年 8 月任正非在公司内部讲话中指出华为的经营方针要从追求规模转向追求利润和现金流上来①。这意味着在未来一些年经济形势不乐观的大方向下，企业成长的外延方式遇到瓶颈，必须转到内涵成长上来，而内涵成长方式中，在重视创新成长的同时，也要重视利润成长。

根据研究结论，为促进企业做大做优做强、保持和提升我国制造业产业竞争力，本书分别对政府和企业提出以下政策建议。

7.2.1 政府方面

7.2.1.1 做好顶层设计，支持企业做大做优做强

第一，把握发展方向，引导企业向高端化、智能化、绿色化方向发展。一方面，政府要更大力度、更多方式引导和激励企业进行自主创新。另一方面，要加强国家科技创新资源对企业的支持和开放，引导企业更深更广地参与到相关项目中去，提高自主创新能力。

第二，引导企业加强管理创新，不断增强自身内涵素质。一方面，政府要营造良好环境，降低社会总成本，为企业提质增效创造条件。另一方面，要引导企业全面管理和控制生产经营成本，积极延伸产业链，拓展发展新空间，变革生产经营模式，加快推进创业创新，提高战略应变能力和风险防控能力，全面促进和保障企业提质增效。

第三，调整职能，在企业并购过程中发挥更大更好的作用。一方面，正确确立政府在企业并购中的职能定位，有效发挥企业并购中的监管和服务职

---

① 王晶. 华为任正非：经营方针要从追求规模转向利润和现金流 [EB/OL]. (2022 - 08 - 23) [2022 - 08 - 25]. https://finance.sina.com.cn/chanjing/gsnews/2022 - 08 - 23/doc-imizirav9360352.shtml.

能，以应对企业在并购过程中不断出现的新情况新问题。另一方面，尊重市场经济规律，守住国家经济安全底线。

7.2.1.2　采用多种方法，缓解企业融资约束

第一，健全融资体系。首先，政府需要进一步完善资本市场，一视同仁地对待国有企业和民营企业，促进整个行业的良性发展，引导企业更好地利用资本市场。其次，完善银行金融机构的中小企业信贷机制，根据中小企业信贷需求规模小、频率高、时间急、风险高的特点，制定特定的信贷机制。最后，大力发展中小企业金融机构，鼓励和支持股份制银行、城乡合作金融机构，并尽量消除地区差异，提高中小企业的贷款比例，支持符合国家政策的中小企业的发展。

第二，建立健全信用评审和授信制度。信用问题尤其是中小企业的信用问题一直是制约企业融资的关键，通过对信用评审和授信制度的建立，可以由政府、中介机构等来出具公正的信用评价，解决企业信用难鉴定的问题。

第三，优化税制顶层设计，采用柔性税收政策。翟淑萍等（2019）研究认为税收征管能够缓解企业融资约束。政府应该逐步采用和扩大柔性税收征管的适用范围，不断探索和创新柔性税收征管的具体方式。

7.2.1.3　培育竞争性市场，鼓励企业有序竞争

第一，进一步深化改革扩大开放，着力建设法治政府。推进"放管服"改革，营造更加公平有序的发展环境，促进制造业企业得到更好发展。进一步深化制造业领域改革，应该推广和严格执行市场准入的负面清单制度，深化对内改革和对外开放，打破地方保护、区域封锁和行业壁垒，进而全方位增强市场的可竞争性。

第二，应该取消不合理的补贴和优惠政策，以便让市场选择机制充分发挥作用，将那些技术水平较低且没有技术创新能力的企业逐出市场。

第三，着力营造公平、开放、透明的市场规则和法治化营商环境，在市场准入、审批许可、经营运行、招投标、军民融合等方面为企业创造公平竞争环境，让各类企业在公平竞争中实现优胜劣汰。

7.2.1.4　严格落实环境保护政策，倒逼企业转型升级

第一，做好环保宣传，提高环保认识。多渠道、多频次、多形式进行环

保宣传，在全社会形成节能环保意识，使环保意识深入人心，鼓励消费绿色环保产品，营造绿色节能生活新风尚。

第二，加大监管力度，严惩弄虚作假行为。加强对污染企业生产过程的日常监督，对企业严重污染行为、弄虚作假行为严惩不贷。

第三，落实环保政策，明晰环保责任。生态环境保护"党政同责、一岗双责"，压实地方属地责任、行业部门监管责任、企业环保主体责任，加快形成各司其职、各负其责、相互配合、齐抓共管的"大环保"格局，努力开创生态环境保护工作新局面。

7.2.2　企业方面

企业战略是企业全局工作的指导，决定了的企业命运。制定适合企业发展的战略将能够指导企业赢取顾客、赢得市场竞争，在自身得到发展的同时促进产业竞争力的提高。

7.2.2.1　立足企业实际，科学制定和采取适当激进的发展战略

第一，在董事会下设立企业战略委员会，或指定相关机构负责发展战略管理工作，履行战略管理职责。同时，在内部机构中设置专门的部门或指定部门，承担战略委员会的具体工作。

第二，科学编制发展战略。一方面，制定发展目标，明确企业在未来一段时期内所要努力的方向和所要达到的水平。另一方面，编制战略规划，明确企业在每个发展阶段的具体目标、工作任务和实施路径。

第三，积极审慎地运用好并购手段。经营顺畅的企业可以积极审慎地使用并购工具达到资产优势互补、资源整合利用、短期内快速发展壮大的目的。经营遇到困境的企业，也可以积极审慎地寻求并购方，使企业能够恢复盈利能力正常运作。

7.2.2.2　抓住企业的外延成长不放松，稳定企业外延成长优势

第一，积极灵活地把握固定资产投入力度，充分发挥其对企业规模成长的重要作用；依据企业发展战略，科学使用好并购这一工具，使企业在短时间内迅速成长；把握好营销尺度，注重营销效率。

第二，应用好财务杠杆。除银行贷款外，还有民间融资、租赁融资、债券与股票融资、海外融资等几种常见的融资渠道，企业要不断拓宽融资渠道，保证战略的顺利实施。

7.2.2.3　更加重视内涵成长，利润成长和创新成长要并重

第一，紧紧抓住企业创新成长这只"牛鼻子"。一方面，建立内涵发展激励机制。制定企业内涵发展奖励制度，群策群力，调动企业员工的积极性；另一方面，加大企业的自主研发投入的同时，注重从企业外部获得创新性以增强企业创新产出。

第二，重视创新向利润转化。构建创新成果利润转化机制，畅通创新转化为利润的组织机制，实现从创新成果到利润实现的"惊险跳跃"。

第三，提高管理效率，促进企业利润成长。一方面，加强成本管理，明确成本责任，提高效率和效益。成本管理不仅包括狭义的制造成本管理，还包括设计成本管理、市场成本管理等。另一方面，优化人力资源、生产资料、生产技术和市场信息等资源的配置，不断改革创新。

7.3　研究展望

本书囿于时间、数据等条件约束，存在一些研究局限，主要包括以下几点：

第一，在基础数据方面。构建企业战略激进度指标时，由于只能获取上市公司数据，本书实际上研究的是上市公司战略激进度对所在产业竞争力的影响。企业除了上市公司外，还有非上市公司，未来如果能获取构建战略激进度指标的非上市公司相关数据，就能够研究非上市公司战略激进度对产业竞争力产生的影响，把两者的结果进行对比分析，就能够挖掘出更为丰富的内涵，对企业成长和政府制定提高产业竞争力的政策具有重要的参考价值。

第二，在指标归类精准性方面。比如在对企业战略激进度类型进行归类

时，本书排除了财务杠杆激进度维度指标。财务杠杆激进度是非常重要的企业战略，但是财务杠杆并不直接进入企业生产和经营，而是通过转化为物质资料或者资本间接进入生产和经营。如果转化成的物质资料或者资本投入到外延生产和经营，就属于外延激进方式，如果转化成的物质资料或者资本投入到内涵生产和经营，就归属于内涵激进方式。因为目前不能获取到每个企业具体的财务杠杆转化数据，因而本书在做企业战略激进度归类时没有纳入财务杠杆激进度指标。未来随着统计数据的完善，可以更好地利用统计数据，提高研究结果的精准性。

第三，在研究的广度和深度方面。在广度方面，本书中企业战略激进度对产业竞争力影响的传导路径研究非常直接，只研究了企业成长这一传导路径。事实上，还存在其他间接但是非常重要的路径，比如宏观上可能有政府引导路径。随着产业结构的升级，可能有数字化路径、产业链攀升路径等。随着国内和全球经济结构的变化，可能还有国际化路径等，所以本书只是做了直接路径的深入探索。在深度方面，本书对单维度战略激进度对产业竞争力影响的研究还不够深入。作为构成战略激进度的维度指标，每一个维度都代表了企业的关键战略，都值得进行深入探索和挖掘。

综上所述，本书在研究的全面性、精准性、广度和深度等方面都有比较大的拓展空间，随着社会和经济的发展，企业战略实践的延续和丰富，未来能够获得的数据更为准确和充分，相信能够使本书的研究内容更为深入，体系更加丰富完整。

参考文献

［1］ Abramoitz M, Thinking about Growth: And after Essays on Economic Growth and Welfare ［M］. Cambridge: Cambridge University Press, 1989.

［2］ Acquaah M, Yasai-Ardekani M. Does the Implementation of A Combination Competitive Strategy Yield Incremental Performance Benefits? A New Perspective from a Transition Economy in Sub-Saharan Africa ［J］. Journal of Business Research, 2008, 61 (04): 346-354.

［3］ Adizes I. Organizational Passages—diagnosing and Treating Lifecycle Problems of Organizations ［J］. Organizational Dynamics, 1979, 8 (01): 3-25.

［4］ Aidis R. Institutional Barriers to Small-and Medium-sized Enterprise Operations in Transition Countries ［J］. Small Business Economics, 2005, 25 (04): 305-317.

［5］ Audretsch D B, Elston J A. Can Institutional Change Impact High-technology firm Growth: Evidence from Germany's Neuer Markt ［J］. Journal of Productivity Analysis, 2006, 25 (01): 9-23.

［6］ Baron R M, Kenny D A. The Moderator-mediator Variable Distinction in Social Psychological Research: Conceptual, Strategic, and Statistical Considerations ［J］. Chapman and Hall, 1986, 51 (06): 1173-1182.

［7］ Beck T, Demirgüç-Kunt A, Maksimovic V. Financial and Legal Constraints to Growth: Does Firm Size Matter? ［J］. The Journal of Finance, 2005,

60 (01): 137-177.

[8] Benito A. Financial Pressure, Monetary Policy Effects and Inventories: Firm-level Evidence from a Market-based and a Bank-based Financial System [J]. Economica, 2005, 72 (286): 201-224.

[9] Bentley K A, Omer T C, Sharp N Y. Business Strategy, Financial Reporting Irregularities, and Audit Effort [J]. Contemporary Accounting Research, 2013, 30 (02): 780-817.

[10] Brander J A, Lewis T R. Oligopoly and Financial Structure: The Limited Liability Effect [J]. The American Economic Review, 1986, 76 (05): 956-970.

[11] Brezis E S, Krugman P R, Tsiddon D. Leapfrogging in International Competition: A Theory of Cycles in National Technological Leadership [J]. American Economic Review, 1993, 83 (05): 1211-1219.

[12] Bruton G D, Rubanik Y. Resources of the Firm, Russian High-technology Startups, and Firm Growth [J]. Journal of Business Venturing, 2002, 17 (06): 553-576.

[13] Bushman R M, Indjejikian R J, Smith A. CEO Compensation: The Role of Individual Performance Evaluation [J]. Journal of Accounting and Economics, 1996, 21 (02): 161-193.

[14] Chang S C, Chang H Y. Corporate Motivations of Product Recall Strategy: Exploring the Role of Corporate Social Responsibility in Stakeholder Engagement [J]. Corporate Social Responsibility and Environmental Management, 2015, 22 (06): 393-407.

[15] Chaplinsky S, Niehaus G. Do Inside Ownership and Leverage Share Common Determinants? [J]. Quarterly Journal of Business and Economics, 1993, 32 (04): 51-65.

[16] Chrisman J J, McMullan E, Hall J. The Influence of Guided Preparation on the Long-term Performance of New Ventures [J]. Journal of Business Venturing, 2005, 20 (06): 769-791.

[17] Cull R, Demirguç-Kunt A, Morduch J. Financial Performance and Outreach: A Global Analysis of Leading Microbanks [J]. The Economic Journal, 2007, 117 (517): F107-F133.

[18] Deephouse D L. To Be Different, or to Be the Same? It's a Question (and Theory) of Strategic Balance [J]. Strategic Management Journal, 1999, 20 (02): 147-166.

[19] Del Guercio D, Hawkins J. The Motivation and Impact of Pension Fund Activism [J]. Journal of Financial Economics, 1999, 52 (03): 293-340.

[20] Delmar F, Davidsson P, Gartner W B. Arriving at the High-growth Firm [J]. Journal of Business Venturing, 2003, 18 (02): 189-216.

[21] Denrell J. Should We Be Impressed with High Performance? [J]. Journal of Management Inquiry, 2005, 14 (03): 292-298.

[22] DiMaggio P J, Powell W W. The Iron Cage Revisited: Institutional Isomorphism and Collective Rationality in Organizational Fields [J]. American Sociological Review, 1983 (48): 147-160.

[23] Eliste P, Fredriksson P G. The Political Economy of Environmental Regulations, Government Assistance, and Foreign Trade [J]. World Bank Discussion Papers, 1999 (28): 129-140.

[24] Finkelstein S, Hambrick D C. Top-management-team Tenure and Organizational Outcomes: The Moderating Role of Managerial Discretion [J]. Administrative Science Quarterly, 1990 (35): 484-503.

[25] Fishman A, Rob R. Consumer Inertia, Firm Growth and Industry Dynamics [J]. Journal of Economic Theory, 2003, 109 (01): 24-38.

[26] Geletkanycz M A, Hambrick D C. The External Ties of Top Executives:Implications for Strategic Choice and Performance [J]. Administrative Science Quarterly, 1997 (42): 654-681.

[27] Gerschenkron A. Economic Backwardness in Historical Perspective, A Book of Essays [M]. Cambridge: Harvard University Press, 1962.

［28］Gillan S, Starks L T. Corporate Governance, Corporate Ownership, and the Role of Institutional Investors: A Global Perspective ［R］. Weinberg Center for Corporate Governance Working Paper, 2003.

［29］Hadlock C J, Pierce J R. New Evidence on Measuring Financial Constraints: Moving beyond the KZ Index ［J］. The Review of Financial Studies, 2010, 23（05）: 1909-1940.

［30］Hallak J C, Schott P K. Estimating Cross-country Differences in Product Quality ［J］. The Quarterly Journal of Economics, 2011, 126（01）: 417-474.

［31］Hambrick D C, MacMillan I C, Barbosa R R. Business Unit Strategy and Changes in the Product R&D Budget ［J］. Management Science, 1983, 29（07）: 757-769.

［32］Haushalter D, Klasa S, Maxwell W F. The Influence of Product Market Dynamics on a Firm's Cash Holdings and Hedging Behavior ［J］. Journal of Financial Economics, 2007, 84（03）: 797-825.

［33］Hiller N J, Hambrick D C. Conceptualizing Executive Hubris: The Role of (Hyper-) Core Self-evaluations in Strategic Decision-making ［J］. Strategic Management Journal, 2005, 26（04）: 297-319.

［34］Hughes J P, Mester L J. Bank Capitalization and Cost: Evidence of Scale Economies in Risk Management and Signaling ［J］. Review of Economics and Statistics, 1998, 80（02）: 314-325.

［35］Hynes B. International Small Business Growth: A Process Perspective ［J］. Irish Journal of Management, 2010, 29（02）: 87-106.

［36］Ittner C D, Larcker D F, Rajan M V. The Choice of Performance Measures in Annual Bonus Contracts ［J］. Accounting Review, 1997, 72（02）: 231-255.

［37］Jaffe A B, Palmer K. Environmental Regulation and Innovation: A Panel Data Study ［J］. Review of Economics and Statistics, 1997, 79（04）: 610-619.

［38］ Johansson H, Nilsson L. Export Processing Zones as Catalysts ［J］. World Development, 1997, 25 (12): 2115-2128.

［39］ Kaplan S N, Zingales L. Do Investment-cash Flow Sensitivities Provide Useful Measures of Financing Constraints? ［J］. The Quarterly Journal of Economics, 1997, 112 (01): 169-215.

［40］ Kashyap A K, Lamont O A, Stein J C. Credit Conditions and the Cyclical Behavior of Inventories ［J］. Quarterly Journal of Economics, 1994, 109 (03): 565-592.

［41］ Lamont O A, Polk C. The Diversification Discount: Cash Flows Versus Returns ［J］. The Journal of Finance, 2001, 56 (05): 1693-1721.

［42］ Leitch C, Hill F, Neergaard H. Entrepreneurial and Business Growth and the Quest for a "Comprehensive Theory": Tilting at Windmills? ［J］. Entrepreneurship Theory and Practice, 2010, 34 (02): 249-260.

［43］ Lev B, Thiagaraian S R. Fundament Information Analysis ［J］. Journal of Accouniting Research, 1993, 12 (03): 190-215.

［44］ Low P, Yeats A. "Do Dirty Indutries Migrate?" in P Low, ed., International Trade and the Environment ［R］. World Bank Discussion Papers, 1992.

［45］ Meyer J W, Rowan B. Institutionalized Organizations: Formal Structure as Myth and Ceremony ［J］. American Journal of Sociology, 1977, 83 (02): 340-363.

［46］ Miles R E, Snow C C, Meyer A D, et al. Organizational Strategy, Structure, and Process ［J］. Academy of Management Review, 1978, 3 (03): 546-562.

［47］ Miles R E, Snow C C. Organizational Strategy, Structure, and Process ［M］. Stanford, CA: Stanford University Press, 2003.

［48］ Mintzberg H. The Strategy Concept I: Five Ps for Strategy ［J］. California Management Review, 1987, 30 (01): 11-24.

［49］ Oliver C. Strategic Responses to Institutional Processes ［J］. Academy of

Management Review, 1991, 16 (01): 145-179.

[50] Oral M, Cinar U, Chabchoub H. Linking Industrial Competitiveness and Productivity at the Firm Level [J]. European Journal of Operational Research, 1999, 118 (02): 271-277.

[51] Porter M E. How Competitive Forces Shape Strategy [J]. Harvard Business Review, 1979 (57): 137-145.

[52] Sartzetakis E S, Constantatos C. Environmental Regulation and International Trade [J]. Journal of Regulatory Economics, 1995, 8 (01): 61-72.

[53] Schendel D, Patton G R. A Simultaneous Equation Model of Corporate Strategy [J]. Management Science, 1978, 24 (15): 1611-1621.

[54] Schriesheim C A, James L R, Muliak S A, Brett J M. Causal Analysis: Assumptions, Models, and Data [J]. The Academy of Management Review, 1984, 9 (01): 159.

[55] Sidney Schoeffler, Robert Buzzell, Donald Heany. Market Share, Profitability, and Business Strategy: Determinants of Profitability [J]. Strategy and Leadership, 1975, 3 (02): 7-27.

[56] Simpson R D, Bradford Ⅲ R L. Taxing Variable Cost: Environmental Regulation as Industrial Policy [J]. Journal of Environmental Economics and Management, 1996, 30 (03): 282-300.

[57] Slater J, Angel I T. The Impact and Implications of Environmentally Linked Strategies on Competitive Advantage: A Study of Malaysian Companies [J]. Journal of Business Research, 2000, 47 (01): 75-89.

[58] Smith Jr C W, Watts R L. The Investment Opportunity Set and Corporate Financing, Dividend, and Compensation Policies [J]. Journal of Financial Economics, 1992, 32 (03): 263-292.

[59] Sorsa P. Competitiveness and Environmental Standards: Some Exploratory Results [M]. World Bank Publications, 1994.

[60] Storey D J. Understanding the Small Business Sector [M]. New York:

Thomson Learning, 2000.

［61］Tang J, Crossan M, Rowe W G. Dominant CEO, Deviant Strategy, and Extreme Performance：The Moderating Role of a Powerful Board ［J］. Journal of Management Studies, 2011, 48（07）：1479-1503.

［62］Treacy M, Wiersema F. The Discipline of Market Leaders：Choose Your Customers, Narrow Your Focus, Dominate Your Market ［M］. New York：Basic Books, 1995.

［63］Weinzimmer L G, Nystrom P C, Freeman S J. Measuring Organizational Growth：Issues, Consequences and Guidelines ［J］. Journal of Management, 1998, 24（02）：235-262.

［64］Whited T M, Wu G. Financial Constraints Risk ［J］. The Review of Financial Studies, 2006, 19（02）：531-559.

［65］Wiklund J, Patzelt H, Shepherd D A. Building an Integrative Model of Small Business Growth ［J］. Small Business Economics, 2009, 32（04）：351-374.

［66］Zahra S A, Neubaum D O, El-Hagrassey G M. Competitive Analysis and New Venture Performance：Understanding the Impact of Strategic Uncertainty and Venture Origin ［J］. Entrepreneurship Theory and Practice, 2002, 27（01）：1-28.

［67］Zhao E Y, Fisher G, Lounsbury M, et al. Optimal Distinctiveness：Broadening the Interface between Institutional Theory and Strategic Management ［J］. Strategic Management Journal, 2017, 38（01）：93-113.

［68］蔡吉甫. 大股东控制与上市公司盈余管理隧道效应研究 ［J］. 当代财经, 2008（11）：77-83.

［69］蔡礼彬, 王琼. 山东省文化产业竞争力评价体系构建与实证研究 ［J］. 华东经济管理, 2012, 26（10）：19-25.

［70］蔡宁, 陈功道. 论中小企业的成长性及其衡量 ［J］. 社会科学战线, 2001（1）：15-18.

［71］曹悦恒, 张少杰. 汽车产业国际竞争力对比研究 ［J］. 当代经济研

究，2017，267（11）：90-96.

[72] 陈波．企业战略差异、产权性质与审计定价［J］．会计论坛，2015（01）：14-15.

[73] 陈劲，S. K. Chawla．小企业关键成功要素的跨国度比较［J］．中国管理科学，2001（05）：69-74.

[74] 陈立敏，谭力文．评价中国制造业国际竞争力的实证方法研究——兼与波特指标及产业分类法比较［J］．中国工业经济，2004（05）：30-37.

[75] 陈立敏，王璇，饶思源．中美制造业国际竞争力比较：基于产业竞争力层次观点的实证分析［J］．中国工业经济，2009（06）：57-66.

[76] 陈收，肖咸星，杨艳，等．CEO 权力、战略差异与企业绩效——基于环境动态性的调节效应［J］．财贸研究，2014，25（01）：7-16.

[77] 陈斯琴，刘旭东．光伏产业竞争力国际比较——基于面板数据的实证分析［J］．科学决策，2016（01）：77-94.

[78] 陈志斌，王诗雨．产品市场竞争对企业现金流风险影响研究——基于行业竞争程度和企业竞争地位的双重考量［J］．中国工业经济，2015（03）：96-108.

[79] 程虹，陈川．制造业质量竞争力理论分析与模型构建［J］．管理学报，2015，12（11）：1695-1702.

[80] 储小平．家族企业的成长与社会资本的融合［M］．北京：经济科学出版社，2004.

[81] 戴园晨，徐亚平．蒋一苇的"三论"与中国的企业改革［J］．经济管理，1993（01）：52-56.

[82] 戴泽伟，潘松剑．实体企业金融化与企业战略差异［J］．华东经济管理，2019，33（09）：134-141.

[83] 翟淑萍，白冠男，白素文．企业战略定位影响现金持有策略吗？［J］．中央财经大学学报，2019a（05）：62-73.

[84] 翟淑萍，孙雪娇，闫红悦．企业战略激进程度与债务期限结构

[J]. 金融论坛, 2019b, 24 (12): 38-49.

[85] 丁方飞, 陈如焰. 公司战略激进度、分析师盈利预测与信息不确定性 [J]. 山西财经大学学报, 2020, 42 (02): 72-86.

[86] 董晓辉. 技术效率对区域产业竞争力提升的促进机理研究 [D]. 大连: 大连理工大学, 2011.

[87] 窦欢, 张会丽, 陆正飞. 企业集团、大股东监督与过度投资 [J]. 管理世界, 2014 (07): 134-143.

[88] 杜传忠, 郭树龙. 企业并购对企业成长的影响及其机理分析 [J]. 财经问题研究, 2012 (12): 102-110.

[89] 杜运苏. 环境规制影响我国制造业竞争力的实证研究 [J]. 世界经济研究, 2014 (12): 71-76.

[90] 方芳, 蔡卫星. 银行业竞争与企业成长: 来自工业企业的经验证据 [J]. 管理世界, 2016 (07): 63-75.

[91] 封伟毅, 李建华, 赵树宽. 技术创新对高技术产业竞争力的影响——基于中国 1995—2010 年数据的实证分析 [J]. 中国软科学, 2012 (09): 154-164.

[92] 高磊. 产权性质还是市场竞争有利于企业绩效?——基于风险承担视角的检验 [J]. 经济与管理研究, 2018, 39 (01): 136-144.

[93] 关健, 侯赞, 韩文强. 外部环境对我国中小企业成长的影响——基于 11 个城市面板数据的实证研究 [J]. 科技进步与对策, 2009, 26 (19): 84-88.

[94] 郭朝先, 石博涵. 中国医药产业国际竞争力评估与 "十四五" 时期高质量发展对策 [J]. 北京工业大学学报 (社会科学版), 2021, 21 (03): 65-79.

[95] 郭然, 原毅军, 张涌鑫. 互联网发展、技术创新与制造业国际竞争力——基于跨国数据的经验分析 [J]. 经济问题探索, 2021 (01): 171-180.

[96] 韩艳锦. 企业战略差异度与高管薪酬——来自效率契约说的新证

据［J］. 科研管理，2021，42（02）：181-189.

［97］韩珍堂. 中国钢铁工业竞争力提升战略研究［D］. 北京：中国社会科学院研究生院，2014.

［98］韩忠雪，周婷婷. 产品市场竞争、融资约束与公司现金持有：基于中国制造业上市公司的实证分析［J］. 南开管理评论，2011，14（04）：149-160.

［99］何熙琼，尹长萍. 企业战略差异度能否影响分析师盈余预测——基于中国证券市场的实证研究［J］. 南开管理评论，2018，21（02）：149-159.

［100］何小钢. 中国企业海外并购特征、动因及其优化策略［J］. 国际贸易，2015（12）：15-19.

［101］何玉润，徐云. 企业战略差异度会影响分析师盈利预测的准确性吗［J］. 北京工商大学学报（社会科学版），2017，32（02）：58-66.

［102］黄志勇. 基于 R-SCP 分析的我国中药产业竞争力提升研究［D］. 长沙：中南大学，2012.

［103］贾军，魏雅青. 产品市场竞争、客户关系治理与企业创新关系研究——基于行业竞争程度与企业市场地位的双重考量［J］. 软科学，2019，33（12）：66-71.

［104］简泽，谭利萍，吕大国，等. 市场竞争的创造性、破坏性与技术升级［J］. 中国工业经济，2017（05）：16-34.

［105］江静. 融资约束与中国企业储蓄率：基于微观数据的考察［J］. 管理世界，2014（08）：18-29.

［106］金碚，李鹏飞，廖建辉. 中国产业国际竞争力现状及演变趋势——基于出口商品的分析［J］. 中国工业经济，2013（05）：5-17.

［107］金芳，苏倩，梁益琳. 山东省制造业细分产业竞争力分析——基于新旧动能转换视角［J］. 经济与管理评论，2020，36（03）：152-164.

［108］鞠晓生，卢荻，虞义华. 融资约束、营运资本管理与企业创新可持续性［J］. 经济研究，2013，48（01）：4-16.

［109］黎来芳，孙河涛．企业战略激进度与融券卖空规模［J］.中央财经大学学报，2019（02）：74-84.

［110］李高波．战略差异与商业信用提供［J］.北京工商大学学报（社会科学版），2020，06（35）：80-92.

［111］李健，刘世洁，李晏墅，等．战略差异度能够减少先进制造业企业风险吗——基于中美贸易摩擦背景的研究［J］.广东财经大学学报，2020，35（03）：30-43.

［112］李旎，蔡贵龙，郑国坚．企业成长的螺旋：市值管理与企业投资决策［J］.会计研究，2018（10）：66-72.

［113］李文茜，刘益．技术创新、企业社会责任与企业竞争力——基于上市公司数据的实证分析［J］.科学学与科学技术管理，2017，38（01）：154-165.

［114］李晓丹，吴杨伟．中国制造业分行业贸易竞争力再测算——基于RCA指数与NRCA指数的比较［J］.调研世界，2021（01）：39-47.

［115］李新春，梁强，宋丽红．外部关系—内部能力平衡与新创企业成长——基于创业者行为视角的实证研究［J］.中国工业经济，2010（12）：97-107.

［116］李有．出口贸易产品质量与国际竞争力——基于中国制造业的实证研究［J］.当代财经，2015（12）：88-96.

［117］李志刚，施先旺．战略差异、管理层特征与银行借款契约——基于风险承担的视角［J］.中南财经政法大学学报，2016（02）：68-77.

［118］廖进球．产业组织理论［M］.上海：上海财经大学出版社，2012.

［119］刘芳，梁耀明，王浩．企业家能力、关键资源获取与新创企业成长关系研究［J］.科技进步与对策，2014（08）：85-90.

［120］刘国光．中小企业成长［M］.北京：民主与建设出版社，2001.

［121］刘洪深，汪涛，周玲，等．制度压力、合理性营销战略与国际化企业绩效——东道国受众多元性和企业外部依赖性的调节作用［J］.南开管

理评论，2013，16（05）：123-132.

［122］刘厚俊，刘正良.人力资本门槛与 FDI 效应吸收——中国地区数据的实证检验［J］.经济科学，2006（05）：90-98.

［123］刘会芹，施先旺.机构投资者能够感知企业的战略差异吗？［J］.投资研究，2019，38（07）：66-82.

［124］刘静，陈志斌.战略差异度影响内部资本市场的活跃度和功能发挥吗？——来自 A 股上市公司的经验数据［J］.管理评论，2020，32（08）：269-280.

［125］刘名旭，李来儿.战略差异、财务柔性与经营业绩波动［J］.山西财经大学学报，2019，41（12）：80-92.

［126］刘万元.加入 WTO 后我国民营企业的成长战略［J］.渝州大学学报（社会科学版），2002，19（03）：40-42.

［127］刘小铁.产业竞争力因素分析［D］.南昌：江西财经大学，2004.

［128］卢盛峰，陈思霞.政府偏袒缓解了企业融资约束吗？——来自中国的准自然实验［J］.管理世界，2017（05）：51-65.

［129］罗良文，赵凡.高技术产业集聚能够提高地区产业竞争力吗？［J］.财经问题研究，2021（01）：43-52.

［130］吕越，罗伟，刘斌.融资约束与制造业的全球价值链跃升［J］.金融研究，2016（06）：81-96.

［131］吕云龙，吕越.制造业出口服务化与国际竞争力——基于增加值贸易的视角［J］.国际贸易问题，2017（05）：25-34.

［132］马宁，靳光辉.经济政策不确定性对公司战略差异的影响［J］.中南财经政法大学学报，2021（01）：14-22.

［133］马小援.论企业环境与企业可持续发展［J］.管理世界，2010（04）：1-4.

［134］马中东，宁朝山.数字经济、要素配置与制造业质量升级［J］.经济体制改革，2020（03）：24-30.

［135］蒙大斌，蒋冠宏.中国企业海外并购与产业竞争力——来自行业

层面的证据［J］. 世界经济研究，2016（04）：31-41.

［136］倪嘉成，李华晶，林汉川. 人力资本、知识转移绩效与创业企业成长——基于互联网情境的跨案例研究［J］. 研究与发展管理，2018，30（01）：47-59.

［137］倪克金，刘修岩. 数字化转型与企业成长：理论逻辑与中国实践［J］. 经济管理，2021，43（12）：79-97.

［138］聂聆，李三妹. 制造业全球价值链利益分配与中国的竞争力研究［J］. 国际贸易问题，2014（12）：102-113.

［139］牛志勇，王军. 市场竞争、营销投入与企业绩效——基于中国工业企业数据的实证研究［J］. 山西财经大学学报，2017，39（06）：113-124.

［140］欧阳澍，陈晓红，韩文强. 中小企业融资结构与企业成长——以我国中小上市企业为样本［J］. 系统工程，2011（04）：16-24.

［141］潘俊，王亚星. 战略差异影响企业税收激进程度吗？——基于"账税差异"的检验［J］. 中南财经政法大学学报，2019，52（06）：52-60.

［142］潘镇，何侍沅，李健. 女性高管、薪酬差距与企业战略差异［J］. 经济管理，2019，2（41）：122-138.

［143］庞娟. 广西产业竞争力综合评价与对策研究［J］. 改革与战略，2005（05）：20-23.

［144］裴长洪，王镭. 试论国际竞争力的理论概念与分析方法［J］. 中国工业经济，2002（04）：41-45.

［145］钱锡红，徐万里，李孔岳. 企业家三维关系网络与企业成长研究——基于珠三角私营企业的实证［J］. 中国工业经济，2009（01）：87-97.

［146］钱雪松，方胜.《物权法》出台、融资约束与民营企业投资效率——基于双重差分法的经验分析［J］. 经济学（季刊），2021，21（02）：713-732.

［147］钱颖一. 警惕滑入坏的市场经济——论市场与法治［J］. 经营管理者，2001（02）：10-12.

［148］邱海平.《资本论》的创新性研究对于构建中国特色社会主义政

治经济学的重大意义［J］. 马克思主义研究，2020（02）：91-99.

［149］曲如晓，臧睿. 自主创新、外国技术溢出与制造业出口产品质量升级［J］. 中国软科学，2019（05）：18-30.

［150］孙冰，林婷婷. 我国高技术产业竞争力与技术创新的关系研究［J］. 中国科技论坛，2012（01）：23-29.

［151］孙洁，殷方圆. 行业竞争、战略差异度与企业金融化［J］. 当代财经，2020（12）：137-148.

［152］孙焱林，温湖炜. 我国制造业产能过剩问题研究［J］. 统计研究，2017，34（03）：76-83.

［153］唐红祥，张祥祯，吴艳，等. 中国制造业发展质量与国际竞争力提升研究［J］. 中国软科学，2019（02）：128-142.

［154］唐清泉，张芹秀. 我国企业内涵式与外延式发展的策略选择与优势比较［J］. 经济管理，2008（04）：4-10.

［155］唐文萍. 财务柔性对企业成长性影响研究［D］. 长春：吉林大学，2019.

［156］唐跃军，宋渊洋. 中国企业规模与年龄对企业成长的影响——来自制造业上市公司的面板数据［J］. 产业经济研究，2008（06）：28-35.

［157］田晖，程倩. 创新是否有助于中国制造业抵御美国的进口竞争［J］. 中国科技论坛，2020（05）：145-153.

［158］万颖，章辉美. 中药产业竞争力的地区间差异分析［J］. 经济地理，2015，11（35）：138-143.

［159］汪芳，夏湾. 技术创新提升高技术产业竞争力的路径——以湖北省为例［J］. 科技管理研究，2019，39（03）：107-113.

［160］汪建，卢晨，郭政，等. 多国制造业质量发展指数及其变化规律实证研究［J］. 科技进步与对策，2015，32（18）：43-50.

［161］王爱群，刘耀娜. 企业战略差异影响社会责任的履行水平吗？［J］. 南京审计大学学报，2021，1（18）：36-47.

［162］王爱群，唐文萍. 环境不确定性对财务柔性与企业成长性关系的

影响研究〔J〕．中国软科学，2017（03）：186-192．

〔163〕王迪．基于经济福利视角的制造业产业竞争力评价研究〔D〕．北京：北京邮电大学，2020．

〔164〕王化成，侯粲然，刘欢．战略定位差异、业绩期望差距与企业违约风险〔J〕．南开管理评论，2019，22（04）：4-19．

〔165〕王京，罗福凯．技术—知识投资、要素资本配置与企业成长——来自我国资本市场的经验证据〔J〕．南开管理评论，2017，20（03）：90-99．

〔166〕王三兴，董文静．中国制造业的分工地位和国际竞争力研究——基于行业上游度和 RCA 指数的测算〔J〕．南京财经大学学报，2018（04）：44-52．

〔167〕王潼．经济惯性论与中国改革开放〔J〕．河北经贸大学学报，2010，31（01）：32-38．

〔168〕王维，宋芳菲，乔朋华．企业家心理韧性对企业成长的影响——探索式创新与社会连带的中介调节作用〔J〕．科技进步与对策，2021，38（03）：124-132．

〔169〕王文普．环境规制、空间溢出与地区产业竞争力〔J〕．中国人口·资源与环境，2013，23（08）：123-130．

〔170〕王玉，许俊斌，南洋．中国各地区制造业竞争力及其影响因素的实证研究〔J〕．财经研究，2011，37（02）：93-103．

〔171〕王玉娥．科技型中小企业政策对企业成长的影响研究〔D〕．天津：河北工业大学，2014．

〔172〕邬爱其，贾生华，曲波．企业持续成长决定因素理论综述〔J〕．外国经济与管理，2003（05）：13-18．

〔173〕吴磊．公司治理与社会责任对企业成长的影响——以中国制造业A 股上市公司为例〔J〕．中南财经政法大学学报，2015（02）：143-149．

〔174〕吴先明，张楠，赵奇伟．工资扭曲、种群密度与企业成长：基于企业生命周期的动态分析〔J〕．中国工业经济，2017（10）：137-155．

〔175〕夏婷，闻岳春，袁鹏．大股东股权质押影响公司价值的路径分析

[J]．山西财经大学学报，2018，40（08）：93-108．

[176] 谢子远，鞠芳辉．同质集聚、异质集聚与产业国际竞争力——基于中国 15 个制造行业 2000—2011 年面板数据的实证研究 [J]．国际贸易问题，2014（02）：13-23．

[177] 谢子远，张海波．产业集聚影响制造业国际竞争力的内在机理——基于中介变量的检验 [J]．国际贸易问题，2014（09）：24-35．

[178] 徐虹，林钟高，芮晨．产品市场竞争、资产专用性与上市公司横向并购 [J]．南开管理评论，2015，18（03）：48-59．

[179] 徐佳，崔静波．低碳城市和企业绿色技术创新 [J]．中国工业经济，2020（12）：178-196．

[180] 徐敏燕，左和平．集聚效应下环境规制与产业竞争力关系研究——基于"波特假说"的再检验 [J]．中国工业经济，2013（03）：72-84．

[181] 徐尚昆，郑辛迎，杨汝岱．国有企业工作经历、企业家才能与企业成长 [J]．中国工业经济，2020（01）：155-173．

[182] 徐远华，孙早．产业政策激励与高技术产业的竞争力 [J]．山西财经大学学报，2015，37（09）：65-75．

[183] 鄢志娟，王姗．企业战略差异度会影响分析师盈余预测吗？[J]．南京审计大学学报，2019，16（01）：9-18．

[184] 闫增辉．企业成长影响因子及其作用机理研究 [D]．北京：北京交通大学，2019．

[185] 燕玲．股权结构影响上市公司绩效的实证研究 [J]．财经问题研究，2012（11）：71-76．

[186] 杨武，田雪姣．中国高技术产业发展的科技创新驱动效应测度研究 [J]．管理学报，2018，15（08）：1187-1195．

[187] 叶康涛，董雪雁，崔倚菁．企业战略定位与会计盈余管理行为选择 [J]．会计研究，2015（10）：23-29．

[188] 叶康涛，张姗姗，张艺馨．企业战略差异与会计信息的价值相关

性［J］. 会计研究，2014（05）：44-51.

［189］殷治平，张兆国. 管理者任期、内部控制与战略差异［J］. 中国软科学，2016（12）：132-143.

［190］由佳. 中国各省级区域林产工业产业竞争力比较研究［D］. 北京：中国林业科学研究院，2015.

［191］于洪霞，龚六堂，陈玉宇. 出口固定成本融资约束与企业出口行为［J］. 经济研究，2011，46（04）：55-67.

［192］于明远，范爱军. 人口红利与中国制造业国际竞争力［J］. 经济与管理研究，2016，37（02）：3-11.

［193］余博，潘爱民. 我国智能制造装备产业国际竞争力及其提升机制研究［J］. 湘潭大学学报（哲学社会科学版），2021，45（04）：74-79.

［194］余东华，孙婷，张鑫宇. 要素价格扭曲如何影响制造业国际竞争力［J］. 中国工业经济，2018（02）：63-81.

［195］余东华，孙婷. 环境规制、技能溢价与制造业国际竞争力［J］. 中国工业经济，2017（05）：35-53.

［196］余鹏翼，王满四. 上市公司董事多重职位与企业并购绩效研究［J］. 中国软科学，2018（01）：100-109.

［197］余泳泽，郭梦，华胡山. 社会失信环境与民营企业成长——来自城市失信人的经验证据［J］. 中国工业经济，2020（09）：137-155.

［198］袁红林. 全球价值链视角下的我国中小制造企业升级策略［J］. 国际贸易，2016（09）：32-37.

［199］袁蓉丽，李瑞敬，夏圣洁. 战略差异度与企业避税［J］. 会计研究，2019（04）：74-80.

［200］袁蓉丽，夏圣洁，王化成. 战略激进度与公司创新［J］. 经济理论与经济管理，2020（03）：86-98.

［201］袁晓波. 管理层激励、内部控制与公司绩效——来自中国沪市制造业上市公司的经验证据［J］. 天津大学学报（社会科学版），2014，16（06）：494-498.

［202］张超．提升产业竞争力的理论与对策探微［J］．宏观经济研究，2002（05）：51-54.

［203］张军，许庆瑞．知识积累、创新能力与企业成长关系研究［J］．科学学与科学技术管理，2014，8（35）：86-95.

［204］张丽娜．机械化生产对我国玉米产业竞争力影响的研究［D］．北京：中国农业大学，2017.

［205］张其仔，李蕾．制造业转型升级与地区经济增长［J］．经济与管理研究，2017，38（02）：97-111.

［206］张玉明，梁益琳．企业家素质、战略人力资源管理与创新型中小企业成长［J］．大连理工大学学报（社会科学版），2011，32（04）：1-7.

［207］赵洪斌．论产业竞争力——一个理论综述［J］．当代财经，2004（12）：67-70.

［208］赵伟，卢侃．集聚特征、融资约束与中国企业"走出去"［J］．浙江社会科学，2021，12（03）：12-22.

［209］赵贞，张建平，高佳．国际化经营、股权结构与企业绩效——基于A股数据的经验分析［J］．国际商务（对外经济贸易大学学报），2014（03）：102-111.

［210］郑明贵，潘咏雪，胡志亮．战略差异对企业经营绩效波动影响的路径研究［J］．华东经济管理，2020，8（34）：120-128.

［211］周材荣．FDI、产业聚集是否有助于国际竞争力提升——基于中国制造业PVAR模型的实证研究［J］．经济理论与经济管理，2016（10）：56-69.

［212］周健．对外开放与中国产业竞争力的发展［D］．上海：复旦大学，2001.

［213］周仁俊，杨战兵，李礼．管理层激励与企业经营业绩的相关性——国有与非国有控股上市公司的比较［J］．会计研究，2010（12）：69-75.

［214］周威．中国工程机械行业国际竞争力研究［J］．黑龙江社会科学，

2014（02）：83-85.

　　[215] 朱文莉，丁洁．公司战略差异、机构投资者持股与盈余持续性[J]．哈尔滨商业大学学报（社会科学版），2019a（04）：29-41.

　　[216] 朱文莉，丁洁．公司战略差异、内部控制与审计师决策[J]．南京审计大学学报，2019b，16（05）：12-22.

　　[217] 朱亚东．产业战略与企业战略关系研究[D]．天津：河北工业大学，2014.

后 记

　　本书可以说是一次历时近三年的写作历程，虽然这段时间有很多困难，但最终我成功地完成了这本书。我最感激的人是我的老师吴昌南教授、王自力教授、陈富良教授，感谢老师们的悉心指导；我要感谢我的同学马天明、彭柳林、郭建斌、朱格峰、王蕾、王进、黄烨炜、黄莹珊、叶艳艳、潘卫华、梁晴、陈晨、曹莎和欧阳海琴，感谢同学们给予的帮助；我还要感谢我的朋友王锋、周芳和谢丹，感谢他们给予的鼓励；最后要感谢的是我的家人，感谢他们的无私奉献，没有他们，本书无法完成。感谢所有在完成这本书过程中给予过我帮助的人，对他们表示诚挚的谢意。

　　此外，在写作过程中，也受到了许多作品的启发，其中包括许多国内外知名学者的著作，他们的思想精神也为我的写作提供了很大的帮助和支持。在此，我由衷地向他们表示敬意。

　　本书的出版，进一步激发了我的学术热情，在未来的工作中，我将秉持学术精神，坚守学术理想，在学术道路上砥砺前行。